# 陪你走过最美的时光
## ——中职班主任教育印记

主　编：李玉磊
副主编：张　伟　李政勋　刘　钧
编　委：刘巧玲　薛瑞菊　宋晓君
　　　　宫　婕　赵　帅　郭竹娜

中国海洋大学出版社
·青岛·

**图书在版编目(CIP)数据**

陪你走过最美的时光:中职班主任教育印记 / 李玉磊主编 . -- 青岛:中国海洋大学出版社,2022.5

ISBN 978-7-5670-3029-9

Ⅰ. ①陪… Ⅱ. ①李… Ⅲ. ①中等专业学校－班主任工作 Ⅳ. ①G718.3

中国版本图书馆 CIP 数据核字(2022)第 011828 号

| | |
|---|---|
| 出版发行 | 中国海洋大学出版社 |
| 社 址 | 青岛市香港东路 23 号    邮政编码 266071 |
| 出 版 人 | 杨立敏 |
| 网 址 | http://pub.ouc.edu.cn |
| 订购电话 | 0532-82032573(传真) |
| 责任编辑 | 付绍瑜        电 话 0532-85902533 |
| 印 制 | 青岛中苑金融安全印刷有限公司 |
| 版 次 | 2022 年 5 月第 1 版 |
| 印 次 | 2022 年 5 月第 1 次印刷 |
| 成品尺寸 | 170 mm ×240 mm |
| 印 张 | 15.00 |
| 字 数 | 207 千 |
| 印 数 | 1—1 000 |
| 定 价 | 50.00 元 |

发现印装质量问题,请致电 0532-85662115,由印刷厂负责调换。

# 目录

## 第三篇　特别的爱给特别的你

## 第四篇　细节让教育如此美丽

## 第五篇 与你共渡非常战“疫”



## 第六篇 你是我永远的青春礼物



## 第七篇 优秀的班级优秀的你

# 第一篇
# 守望职教的天空

那时候
我们的心里还有一丝年轻的迷茫
那时候
我们的心里还有一些莫名的思量
我们就这样行走着
慢慢地就走出了坚定的姿态
慢慢地就走成了巨人的模样
形成了一道最美的风景
仰望星空
岁月的年轮镌刻着曾经勃发的青春
生命之舟因奋斗而前行
银杏捎来满地金黄
时光画笔轻轻挥动
抹出了天际点点星光

# 花开无声，馨香满怀

李玉磊

都说教育是天底下最困难的工作。中职班主任的工作更是面临着诸多的难题。很多学生曾是初中时学习兴趣不大的群体，更需要得到老师的关注。张文质先生说："教育不要宏大地叙事，甚至也不要微言大义，只要细致地体会，只要用心地注视。"每个孩子都是花朵，每个孩子都有成才的可能，班级管理需要爱心和尊重。把握教育的起点，关注教育的细节，方能听到花开的声音。

## 一、蹲下来，把握教育的起点

进入中职的学生，有的是中考失利，不得不来；有的是不适应普通高中的生活，"狼狈"而来；有的是被家长所逼，混日子而来。面对这群孩子，最重要的就是帮他们树立信心，让他们明白中职生不比普高生差，只要肯付出努力，一样可以收获成功。因此，帮助学生树立信心，成了我的开学第一课。与学生第一次见面时，我向他们提出了八个字的要求："从'新'开始，从'心'开始。"很多孩子郑重地把这八个字记到了本子上。我还告诉他们："不以过去论英雄。"是的，过去的就让它过去，人生翻开了崭新的一页，我们要做的是把握当下，过好中职生活的每一天。

在以往的班主任工作中，我发现很多进入职校的孩子由于目标模糊，缺少年轻人应有的朝气、活力和进取心，整日无所事事，把大好的青春时光浪费在上课睡觉、玩游戏、谈恋爱等与学习无关的事情上。作为班主任，我必须从根本上采取措施扭转这种现象，激发这些同学的内在动力，重新燃起他们的理想之光。我的第一节生涯规划课的主题就是"开启充满希望的人生"。结合课堂和学生现状,我要求每个人写出在学校这三年要完成的十个目标。目标要"跳一跳"
"够得着""很具体""可实现"。每个同学都要做 PPT 在课堂展示。经过两轮
修改,我们班的"梦想墙"出现在教室中,38 张粉红色的纸掩映在蓝色翅膀下,
承载着每个同学的梦想,寄托着同学的美好期望。十个目标既要包含学习目标,
也要有生活目标。有的同学把"考年级第一"作为目标,有的把"参加市技能
大赛"作为目标,有的把"设计一座属于自己的房子"作为目标,还有的把"用
自己打工的钱给妈妈买一个生日蛋糕""学会一种乐器或舞蹈"作为目标。贴
在墙上的目标,既是一种监督,也是一种提醒,每个完成了的目标,同学们都会
在后面郑重地打上一个对号。有了目标才会有动力,我希望用目标做引领,用
规划做导航,让学生的中职生活不再空虚。

### 二、慢下来,关注教育的细节

尼采说,当走得太快的时候,要慢下来,等待灵魂赶上。放慢脚步,并不是
停止前行。脚步慢下来,才能慢慢地欣赏;目光慢下来,才能美美地发现;心灵
慢下来,才能细细地品味;生命慢下来,才能深深地沉淀;教育慢下来,才能悄
悄地绽放美丽。欲速则不达,我是个拥有典型蓝色性格的人,我时常反思,自己
是不是对学生要求太多、太高、太完美;我是不是应该再多一些耐心,等待他们
跟上来的脚步。班里有一名特别的孩子,他上过一个月的普高,因为不适应高
中的生活,无奈来到我们学校,文化课基础不错,素描的功底很好,看似一个优
秀的学生却有着严重的心理问题。敏感、不允许别人对他说"不"字,做事极
端,会歇斯底里地发作,掀翻课桌,摔坏手机……经过深入的了解,我发现这些
问题看似是他个人的问题,其实是源于他的原生家庭。他母亲是高中老师,对
他要求很严,期望很高,对他目前进入职高的状态难以接受,经常批评讥讽,而
学生本人内在要求完美,外在却又懒惰不肯努力,达不到想要的结果。这些问
题只做学生本人的工作是不行的。于是,我决定约见他的父母,与孩子一起坐
下来摆问题、谈想法、理思路。同时要求其家长学习和调整,多听听孩子的想
法。

几次会谈下来,他的家庭氛围和父母的想法发生了改变,他也在慢慢发生

着变化,虽然还会时有发作,但次数和幅度在减轻。每次看到他的反复,我都对自己说:"别着急,他用 16 年长成这个样子,用两年的时间能让他做出一些改变就很好了。"现在的他,已经走出他所谓的人生黑暗期,与父母有了一定的沟通,能把自己的想法内外一致地表达出来,学习成绩开始稳步上升。我庆幸我的耐心和等待没有白费。

孔子说:"不愤不启,不悱不倦。"就是说要等待教育的时机。教育是需要耐心的。耐心是赢得成功的一种手段,教育不能以自己的意志行事,必须要遵循孩子身心成长的规律。愿我们能多一点耐心,守护孩子的心灵,守护孩子的成长。

### 三、静下来,聆听花开的声音

教书育人,爱学生是教育的根本。当一个孩子被认同、尊重、鼓励、帮助后,他可能会有惊人的潜力和爆发力。所以我们要尊重学生,用真诚的爱唤醒学生;相信学生,用宽容的心静待花开;鼓励学生,用温暖的话语点燃他的信心;引领学生,用发展的眼光期待他的转变。作为教师,我们没有选择学生的权利。每个学生都有着个体的差异性,有着不同的家庭成长背景。很多行为偏常生都是缺少爱的孩子,开展班主任工作首先要建立信任,让他们感受爱是建立信任最基本的前提。我相信再多的爱也不会骄纵他们,只会让他们体会到一种温情,一份信任。

爱是一句叮咛、一个眼神、一句问候。爱是给生病的孩子捎去一顿早饭;爱是给患有胃病的孩子在桌洞里悄悄放上一盒花生米;爱是深夜一个人开车去医院陪孩子打吊瓶;爱是在寒冷的冬日,把家远的孩子的床单、被套带回家洗干净;爱是一个从不上 QQ 的人变成 24 小时在线,陪孩子们聊天到深夜;爱是陪他们听专业课,陪他们中午在教室画画,和他们一起谈论构图和色彩的搭配;爱是不放弃任何一个孩子,只要他们认错,接受惩罚,都会给他们再来一次的机会。因为我知道,他们还只是孩子,我也曾经年少,犯过同样的错误。我愿成为他们高中三年的人生导师,我愿是他们的良师益友,陪伴他们成长。

每个孩子都拥有自己的梦想,每朵花儿都有开放的理由,有时候只是还没有等到合适的时机。芭芭拉·麦克林托克81岁才获得诺贝尔生物学奖,她说过:"我是一朵秋天里的雏菊,我相信,不是每一朵都在春天里开放。"班主任的工作就是及时给这些"花枝"修剪枝条,给它们阳光、雨露,促使它们早日绽放。六分爱心,三分方法,一分耐心。相信每个孩子都会悄然绽放自己的美丽。

花开虽无声,馨香亦满屋。

图1-1 学生毕业留念

# 师生"距离"的艺术

李玉磊

班主任工作是一门交际的艺术，很多时候讲究的是技巧、方法和策略。与学生距离的疏密远近也是一种艺术，关键是掌握好一个"度"。老师和学生之间不应该过远，远了就会疏离，不能引发共鸣，工作做不到学生内心深处去；也不应该过近，近了就有学生不听管教等担忧。担任班主任十几年中，我与学生的关系经历了以下三个阶段，这也是很多班主任共同的经历。

## 一、师生"绝对零距离"

2000 年大学毕业，我满怀着期望和憧憬来到青岛这所职业学校。因为工作需要，我刚报到第二天就担任了班主任，成了 2000 级物业班的"孩子王"。刚从大学校门走出来的我还像个学生，对职业教育和学生都不熟悉，不管是着装、言谈还是心理上都不太成熟。但初为人师的新鲜感和满腔的热情，让我把几乎所有的精力都投入对这个班级的管理中。

因为年龄差距小，我很快就成了学生的"孩子王""好姐姐"，每天放学后和他们一起聊天；周末带着他们到中山公园春游，到五四广场放风筝；和他们打篮球，拉着手一起逛街；在每个同学生日时，在班中点燃生日蜡烛，唱生日歌，送给他们一封信……那些美好的经历都定格在记忆中，成为珍贵的回忆。当时我只比他们大六七岁，课下他们都亲切地喊我"李姐"。师生关系可谓"课上无师生距离半点，课下友谊深情一片"。

但是结下深刻友谊的同时也开始出现一些问题。慢慢地，我发现强调了多次的事情总是屡禁不止，我布置的任务他们和我讨价还价。我很难板着脸批评他们。我开始反省自己，很快认识到是距离过近产生了问题。学生非常喜欢你，但一定不敬畏你。

师生"零距离"，容易让班级中的学生产生错误辨识，在失去教育效果的同时，教师的尊严和威信也大打折扣。我犯了很多新老师都容易犯的错误。"距离产生美"，老师和学生之间应保持距离感、敬畏感。我首先应该是他们的老师，而不是他们口中课上课下亲密无间的"李姐"。

### 二、师生"绝对有距离"

有了带第一个班时的教训，再带下一届时，我开始注意与学生的距离，制定严格的管理制度，开始刻意板起脸来，采用一些"狠、压、凶"的办法，希望用"学生能够怕自己"的方式来管理班级。无论是迟到、学容不合格、上课说话这样的小错，还是旷课、打架等大错，我都会严厉批评，甚至叫家长、给处分。

一位著名的心理学家说过："人和动物都有对距离的优美舒适感，距离超过一定的限度，都可能导致彼此的反感或攻击。"学生面前的我，成为一个表情严肃、近乎苛刻的完美主义者。慢慢地，有些学生不敢和我说心里话，个别同学的逆反心理开始显现，有的学生阳奉阴违，表面上屈服，但背后还是我行我素，竟然还出现了顶嘴的现象！这很快引起我的再度反思。

从放下架子与学生的谈话中，我认识到，学生犹如镜子，你对它笑，它也会对你笑；你对它生气，它也会对你发怒；你对它亲切，它也会更加爱你。爱不是一味的批判和教育，更需要朋友一样的谈话和关爱。老师应该保持威严，治班从严是必要的，但严厉不会解决所有问题。有时候一句关心的问候、一个温暖的眼神可能比你的呵斥更管用。走进学生的内心，用心去贴近心，用心去温暖心，这跟师道尊严、严谨治班并不相违。要做到的是严而有度，严而有情。伴随着觉察和反思，我又开始调试与学生关系的这个"度"。

### 三、师生"相对有距离"

班主任既要做学生的知心朋友，也要做一名严明的长者。一个教师应当有多种面孔，该严厉时严厉，该随和时就要随和。年龄与阅历让我再带班时，多了一份从容,在师生关系上越来越好地把握住了"度",做到了恩威并重,严爱有度。

首先,要爱而有度,用关爱和理解建立信任。带2010届通讯班学生的时候,我已经是一个两岁多孩子的母亲,母爱使我更加懂得了爱与宽容,并在对学生的管理中自然流露。我经常会多买一份早饭给没来得及吃早饭的学生;在班级群里经常进行爱心提示,告诉学生适当增减衣物;办公桌里经常备着小零食和暖宝宝,以备学生不时之需。很多时候,有些细小杂乱的工作孩子们不愿做,有人说一句"老班平常对我们那么好,别让老班为难",于是学生默默地就把工作做好了。这是在关爱前提下赢得的理解和尊重。但是爱并不是溺爱、宠爱与纵容,因为这些甚至比"没有爱"对学生的伤害更大更深。要注意倾听学生的心声、意见,但不能听之任之,应该及时引导,为他们指出努力方向。

其次,要严而有格,用制度和规范约束学生。热爱学生绝不是讨好学生。尊重、理解、信任他们,并不是迁就、放任、纵容他们。只有爱的教育是不够的,人天生都有惰性。对班里的违纪现象、不良行为在进行教育的同时必须进行惩罚。很多学生在初中养成了迟到、旷课、不写作业、不听课等坏习惯,必须在开学的第一时间进行整治,使班级的运行尽快走上轨道。班规的制定是必不可少的。学生参与制定明确且便于实施的班级量化管理,通过班会用知识竞赛等方式一项一项落实下去,与评优评先直接挂钩,用制度约束行为。但严应该严而得法,严得人性化,让学生易于接受,乐于接受。比如说学生迟到了,我会问清楚原因,但不管原因是什么,量化分都要扣除。如果属于客观的不可改变的因素,如下大雪、车坏了,我会充分理解,然后给他一个为同学服务的机会,把分再挣回来。

在与学生的相处中,慢慢地,所有的学生对我的称呼都统一成了"老班",虽然我并不老,但这个称呼蕴含了学生发自内心的尊重和喜爱。爱而有度,严而有格。爱是基础,严是措施,恩威并用,才能取得良好的管理效果。

班主任工作是一个不断修炼自我的过程,不断调试自己的方式方法的过程。心理学中有一个"刺猬效应",太近容易刺伤,太远无法取暖。适当的距离才有尊重和教育,亲密有间才是师生之间正确的相处之道。当然每个班不一样,每个学生不一样,或严一点,或宽一点,需要每个老师自己把控,这也与每个老师的性格、习惯有关。每位成功的教育者都要善于把握和调试与学生的远近关系,这是每位班主任成长的必要一课。

# 聆听花开的声音

张　伟

青春之所以难忘,是因为它给我们的人生带来了最珍贵的回忆。

青春之所以难忘,是因为它让我们的生命熠熠生辉。

青春之所以难忘,是因为珍贵,是因为永恒……

青春这本相册,记录了所有最珍贵的场景,在最美的、最难忘的时刻永远定格。走过酸甜苦辣,走过崎岖坎坷,渐渐走向成熟,那些年华,那些带班的日子,是最简单的快乐,是最真实的快乐。

分享我的班级故事,一起聆听花开的声音,共析问题,寻找花开所需的养料。

## 一、创意礼包大派送,难忘特殊见面礼

俗话说,良好的开端等于成功的一半。今年,我所带的班级是高一,如何营造好开学第一课?如何做好第一次见面?开学季是人生中美好的回忆,我要为每一个回忆制造期待与美好。因此,我准备了派送大礼包。

收到分班名单后,我迅速组建班级群,学生肯定非常好奇班主任是什么样子。因此,我在群内用心地做了自我介绍,并附上照片。同时,我鼓励学生也用自己喜欢的方式介绍自己。就这样,美篇、视频、才艺展示、作品照片等都收入囊中。同时,我向他们的初中老师进一步了解了情况。在搜集好资料后,我做成了一个视频,报到当天在多媒体上循环播放。虽然是陌生的环境、陌生的同学和老师,但是一种温暖与惊喜在班级内流淌。

开学的仪式感让孩子们难忘,在以后的每一个节日里,孩子们给足了我仪

式感。他们总是偷偷策划,努力让我做一名幸福的班主任。有一次,一名女生因偷用别班孩子的手机被发现,当我走进教室的那一刹那,全班起立齐唱自编自演的歌曲《老班,甭生气》,黑板上画满了端着心的小女孩,旁边写着"老班,我错了,我真的错了"。那一刻,我感受到了班级集体荣誉感,更明白了他们对我的爱。

## 二、空中快递晒技能,逐梦作业大展台

作为职业学校的学生,技能的练习至关重要。我用班级小管家、腾讯会议等小助手,结合小组荣誉共进退制度激励学生每天晚上练习技能1～2小时。根据每个孩子的特点,全班同学分成六组。每天晚上组长作为小老师,带领大家一起练习技能,一起绘图、一起设计、一起预算、一起实施。1小时后,每个人将自己今晚的成果上传,由组长和课代表负责当天的作品点评,每次作业的分数计入日常考核,期中和期末进行总评,并举行颁奖典礼。对于小组长和课代表,评选出"最佳点评引路人"和"小组力量"的奖项。

针对假期作业,我利用登门槛效应,把作业层层分解,假期前半部分完成全部作业,后半部分用来预习新技能。在开学时,开展"开学作业秀"活动,评审团由同学抽签组成,以小组为单位进行展览,举行隆重的开学作业颁奖典礼,由评审团负责写好颁奖词。当听到颁奖词时,孩子们内心深处自然升腾起一股正向的力量,获奖人发表获奖感言其实就是反思提升的过程。而没有获奖的同学,也会思考自己和别人的差距,这样更容易激发他们内心向上的愿望。

## 三、我给学生读读心,滋润心灵润无声

"班主任太可怕了,他会读心术,什么都知道。"这是孩子们常常挂在嘴边的话。受自己所担任职务的影响,我平时经常研究心理学效应在班主任工作中的应用。在我眼里,孩子的一个微表情、一个不经意间的小举动,都暴露了他们的秘密。"懂心"是我工作制胜的法宝。用罗森塔尔效应见证魔童变灵珠的神奇,用南风效应实行温情教育,用木桶效应提醒学生学习要取长补短,用蝴蝶效应时刻提醒自己教育无小事,处处是细节。

　　玉婷最近学习积极性不高,上课总是无精打采。科任老师批评她最近学习不认真,她却和老师顶嘴。这让老师很不解,因为玉婷以前是个积极向上的学生,为什么会突然变成这样?后来,我从玉婷的父母那儿了解到事情的原因。原来,有一次她在建筑绘图课上回答完问题以后,老师没有给予反馈,却让另外一位同学重新回答。而那位同学的回答和玉婷差不多,老师却表扬说回答得很好,说明认真思考了。玉婷因此闷闷不乐,以为老师不喜欢她,从此上课不爱举手了,也不认真听讲了。我了解情况以后,把玉婷叫到办公室,向她解释,那位同学成绩差一些,所以她表现好的时候,老师想给予更多的鼓励,结果没想到无意中伤害了玉婷,老师表示很抱歉。玉婷听了终于释怀了,渐渐又恢复了以往的精气神。懂心,教育将犹如春夜喜雨般随风潜入夜,润物细无声。

　　总之,班主任工作充实而富有成就感,我们首先要做一个快乐的、幸福的班主任,才能教育出一群阳光自信的孩子。回顾昨天,我不忘初心,栉风沐雨,踏实奋进;展望明天,我初心不改,笃行致远,静蓄繁花。

图1-2　班级联欢

# 青春在开拓奋进中闪光

张　伟

　　教师的工作就是用自己的人格,在学生的心灵里播下真、善、美的种子,以爱的阳光雨露,培育起一棵棵参天大树。"路漫漫其修远兮,吾将上下而求索。"十三年前,怀揣着对人民教师这一职业的无限崇敬与向往,秉承着"学高为师,身正为范"的校训,我毅然踏上了教育的征途,正式成为青岛黄海学院的一名教师。在教育实践中我深深感悟到,教师很重要的一项使命就是为每一名学生播种梦想、点燃梦想,并帮助他们实现梦想。所以,学习和研究、反思并成长与我一直相伴,从未被遗忘。一路走来,我以良好的素质和精湛的工作艺术,帮助每一个学生都拥有健康的人格,愿学、会学,快乐地成长。

## 一、初出茅庐,自信足

　　困难会带来挑战,而挑战会蕴含机遇,机遇则可能孕育成功。2010年,首届"广联达"杯全国高校工程项目管理沙盘模拟大赛举办。接到带学生参赛任务后,我心中是忐忑的。面对领导的信任、迫切想要参赛的学生,我在心里告诉自己:必须行!作为一名指导老师,发现学生的突破潜力是非常重要的,沙盘模拟实践考察的就是学生的专业知识以及细心、耐心。在备赛过程中,我不断自学,不断丰富自己的知识,经常和其他老师交流探讨,提高自己的专业水准;指导学生注重发现自己的细节问题,不断完善自身,勇于突破,勇于和自己赛跑;课下为学生疏导心理问题,让他们平复心态;也会告诉学生师兄师姐在参加比赛的时候是怎样安排时间或者怎样调整心态的。我努力引导学生树立必胜的信心,积极自信地解决问题,并且在失败之后不能气馁,好好发挥自己的实力,把备赛的过程以及平时学到的知识交叉应用。在领导的鼓励、同事的支持下，凭着这股韧劲与努力，我和同事辅导的学生在全国比赛中取得了优异成绩。我知道自己离一名优秀教师还有很大的距离，必须努力。不是看到希望才去努力，只有努力才会看到希望。

### 二、言传身教，做楷模

在学生心目中，教师是他们学习的榜样，学生会模仿其态度、情趣、品行，乃至行为举止、音容笑貌、板书笔迹等。因此在日常教学过程中，我严格要求自己，注意自己的一言一行、一举一动，处处为人师表、躬行实践，细心观察，耐心沟通，关心每一位学生，为学生树立看得见、摸得着的德育标准。

人生须知责任的苦处，才能知道尽责的乐趣。在班级管理中，我时刻记住"责任"二字，率先垂范，认真负责，严爱相济。

那年夏天，48位同学怀着忐忑、激动的心情来到了学校，组成了第一届"三二连读班"——2015级中专1班。为期一周的军训拉开了他们高中生活的序幕。每天头顶似火的骄阳进行训练，虽然辛苦，但每个同学都坚持了下来，没有选择偷懒。之后大家渐渐熟络起来，周末，男生一起研究足球，一起打游戏，女生一起购物、看电影。当然，该学习的时候大家一起讨论，一起解决问题，互帮互助。

"班主任非常幽默，班里每天都会笑声朗朗。有些同学犯了小错，班主任也会很幽默地解决，他爱和学生开玩笑，逗我们开心并且无时无刻不关心、惦记着我们。天冷了，班主任提醒我们多穿衣服；生病了，嘱咐我们好好休息；出去告诉我们注意安全。"这是卓睿同学写在日记中的话。

### 三、细雨师爱，促腾飞

教育是塑造"人"的工作，它不仅可以影响一个人的一辈子，还会影响一个家庭的幸福、一个国家的兴衰、一个民族的命运。教师要珍爱学生的每一份自尊，学会容纳学生的错误，处处为学生的健康发展着想，用最大的热情去关爱那脆弱而敏感的心灵，让教师的爱使他们内心永远升腾着一轮炽热的太阳。

班里有一个男孩叫明峥，沉默寡言，极少与同学交往。经过了解得知，明峥的父母在不久前离异了，而且除了爷爷，没人愿意照顾这个孩子。在这样的环境中成长，男孩的心灵受到了太多的伤害，对周围的人有或多或少的敌对心理。为了改变明峥，我便有意识地经常和明峥一起活动。周末一起出去玩，我发现明峥内心有很多不一样的想法；假期经常给他打个电话，让他感受家庭所不能给予的温情。慢慢地，笑容重回到了明峥的脸上，明峥已经把我当作自己的哥哥。毕业后，明峥走上工作岗位不久便崭露头角，成了项目技术骨干，后来因为工作努力成绩优秀成了项目经理。每当传来学生报喜的消息的时候，是我感觉最幸福的时刻。作为一名教师，看到自己的学生甩掉不足、完成蜕化并脱颖而出时，那份欣慰、那份自豪无以言表！如果说我的学生是一群翅膀稍有残缺的天使，那么我愿意做那个为他们缝补翅膀的织工，用细雨般的师爱帮他们实现腾飞的梦想！

因为爱，所以用心；因为懂得，所以坚持。我很快在班级管理中找到了感觉，迅速进入角色。我坚信，老牛亦解韶光贵，不待扬鞭自奋蹄，只有自我多加压，成长才更快。

既然选择，就风雨兼程。每当我审视自己走过的道路，每一段经历都留下了奋斗的足迹，每一次成功都洒满了艰辛的汗水。职教之路，前程漫漫，我坚信，拼搏之心和奉献精神是追寻幸福之路的必备要素。现在的我，已能从容地带着一份成熟和自信，潜心钻研，扎实工作，让青春在开拓奋进中继续闪光！

图 1-3　学生合唱《明天会更好》

# 一日为师，终为良师

## ——用真情陪伴学生成长

张　伟

　　教师的任务不只是教书，更重要的是育人。师爱的最高境界是师生为友，师爱的重要构成条件之一是平等，在学生眼里，亦师亦友，民主平等，是好老师的特点之一。

　　师生之间的真挚情感有着神奇的教育效果，会促使更多学生愿意接近老师，坦露心声。用真情的语言、尊重的行为陪伴是教育的开始，这是多年来我对教育工作的体悟。

　　在担任班主任的十几年里，我带过无数优秀的学生，我非常爱他们，也非常感谢他们，正是他们，把我从一名刚毕业的大学生锻炼成一位名班主任。回眸这十几年的教育之路，无论是本职工作还是学习生活，我都收获颇丰。三尺讲台三寸舌，三寸笔三千桃李，些许点滴让我铭记，无数瞬间让我感动怀念。

　　有一次，志炫急急忙忙来到办公室找我。见状，我放下手头的工作，问道："怎么了，志炫？""老师，我不知道怎么办了，今天和松恩因为一件小事发生了冲突，主要原因在于我太小气了，不应和他发生争执，等冷静下来想要找他道歉和解时，他竟然不理我，真不知道怎么办了。"他眼含泪珠小声地说。

　　"同学、朋友之间出现矛盾很正常，我们要学会尊重、包容，老师相信你，也相信我班每一位同学都有一颗包容的心。主题班会时我会讲'尊重与包容'这个主题，至于你和松恩的问题，老师不会出面解决，但会给你信心与支持。"这是我第一次与志炫单独谈话。而后，我又和他讲了很多学长的故事，给予他化解矛盾的经验，并缓解他的情绪。"志炫，老师理解你的困扰，朋友之间，不存在谁高一头,最重要的是你觉得这段友谊值得,这个朋友值得。"

"谢谢老师,我会用自己的方式与他和解的。"他悄悄关上门离开了。再后来遇见他们的时候,他们正在篮球场上一同挥洒汗水,阳光映衬在青春的面庞上,一切如初。

不管是小学生还是中学生,都会面临"如何化解矛盾"的问题,这种经历会让他们感到友谊的珍贵,而教师要做的,就是让他们明白其中的道理。教师这个职业辛中有苦,劳中有乐,平凡中会遇见伟大,只有爱岗敬业,积极认真履行社会责任和义务,才能不断地完善自我,才能在新的教育实践中有所收获。

作为一名教师,我牢固树立为每个学生服务的责任意识,把每个学生当成自己的子女,用心去爱、去管,愿意与他们成为好朋友,建立和谐的师生关系。教师不仅要传授知识,更要用恰当的方式给予学生关爱,陪伴其健康向上成长。课堂上,我会以自己的方式讲课,做到知识教授精细、准确、容易牢记,发现学生出现困意便以引入故事等形式,激发兴趣,提高其学习积极性。课下,我会以朋友的身份与学生相处,不论是在现实中还是网络上,都能够无障碍、无拘束地交流。对大家的点滴进步,我都真心诚意地倍加赏识,不断增强他们的自信心。所以在班里,学优生没有所谓的"霸气",学困生也没有所谓的"沮丧",师生之间、生生之间亲密无间、平等和睦、情感融洽。对于那些言语不多,在班里只和少数同学往来,基本上不和老师交流的同学,我总是主动接近他们,以真情换取同学的健康成长。

常常会听到有老师说"做幸福的班主任",教育是一项使人幸福的事业,教师的生活应永远充满青春新意和浓厚情趣。对我来说,我不是在"做"教育,而是在这里享受教育。我从来不愿意去做一个苦行僧式的教书匠,而愿意成为一位有开放思想、有独特个性、有丰富创意的教师。学生总是会很配合我的教学,也会按时、按要求完成作业,班级氛围其乐融融。除此之外,我还不定时进行家访,一般只能在晚上或者是休息日,耗时间也耗精力,但我乐此不疲,坚持不懈。经常与家长进行沟通联系与接触,不仅可以更深入了解学生的全面情况,更重要的一点是给学生的家庭送去了学校老师的关心,这种真挚的家校情感有着巨大的感染力,不仅可以令家长深受感动,更支持我对学生的人格教育,更重要的是,能使更多学生在无形中学会如何去关爱他人。

这些年的教育生涯,我不仅收获了感动,更多的是陪伴学生一起成长。在这条路上,我深受感触的是每一位孩子都以自己的方式努力奋进,不曾掉队,不曾放弃,团结和善。在一次运动会中,我们班级由于女多男少,好多田径类项目都空缺了,男生又因为各种因素不愿意报名。上课期间,我不经意地瞧见体育委员无精打采的模样,课后,我收集了运动员刘翔的比赛视频,在班里播放。大家的目光紧紧地盯着屏幕,时不时地发出感叹的声音,尤其是男生,禁不住为刘翔的跑步动作、跨栏姿态鼓掌。之后,我把体育委员叫上讲台,悄悄地和他说:"老师给你时间,好好做一下动员。"

学生一生中会遇到许许多多的好老师,他们博学,他们神圣,他们在讲台上熠熠生辉,他们在课后默默耕耘,但我只想成为陪伴学生长大的"友人"。我会在倾听孩子们讲话时保持微笑,我对孩子们的爱不是因为他们的成绩,我洞悉他们青春时所有的小秘密,我坚守着一朵又一朵未开的花骨朵,为他们遮风挡雨、指引方向。那天,经体育委员积极动员、鼓励,我班运动项目报满了。"我们都知道,运动会最累的可能就是田径项目,要在操场上一圈又一圈地跑。但我更知道,每位同学都想给班级增添光彩,成绩无所谓,团结、积极参与才是最为宝贵的时光与回忆。每名学生都是老师独特的光,我相信你们!"运动会当天,我们租来大鼓与红旗,为那些在赛道上奔跑、成长的孩子加油鼓劲。那一天,我们很快乐,那一天,我们很难忘。

"你是第一个真正关心我的老师,不只是关心学习,而是关心我的一切。"这是一名学生跟我说的,我在陪伴他们成长的同时也收获了意外的感动。作为一名班主任,我能做的就是在孩子们心里埋下一颗种子,等到了合适的环境与时间,种子自然会破土而出。于我而言,好老师应该是一个完善的人,应该积极乐观,人格魅力和思想道德都非常到位,愿意用自己的知识和行动给学生好的引导;应该能因材施教,让学生对知识本身产生渴求;应该能成为学生人格、人品的培养者,给予他们好的影响,施加理想和情怀的浇灌……

我们没有办法以偏概全,去制定好老师的标准,但可以见微知著,以小见大,发现好老师的闪光点。我希望通过自己的方式去陪伴学生健康、积极成长,让他们拥有一个美好的未来。

图1-4 学生毕业合影

# 乐在其中

## ——职业学校班主任的快乐体验

刘巧玲

作为中等职业学校的班主任,我们经常发出这样的抱怨:学生素质太"差",学习没有上进心,性格任性、偏激,行为习惯自由散漫,组织纪律性不强,责任意识淡薄,班级管理难度大,等等,总以为做这样的班主任是一件最苦最累的差事。有时静下心来回顾一下这十多年来的班主任成长与工作历程,确实很苦很累,但其中也有许多别人体会不到的快乐……

### 一、在班集体的创建与发展中体验快乐

一个良好的班集体对每个学生的健康发展有着巨大的教育作用。建立一个优秀班集体,需要班主任做大量深入细致的工作。

每接手一个新班,我首先要结合本班学生的思想、学习、生活实际,制定出本班的奋斗目标。在实现班集体奋斗目标的过程中,要充分发挥每个成员的积极性。每一个集体目标的实现,都是全体成员共同努力的结果,分享集体的欢乐和幸福,从而形成强大的班级凝聚力。

在班集体的创建中,我特别注意培养正确的舆论和良好的班风。正确的舆论是一种巨大的教育力量,对班级每个成员都有约束、感染、熏陶、激励的作用。我会时常引导学生对班级生活中一些现象进行议论、评价,形成"好人好事有人夸,不良现象有人抓"的风气。

在班级管理中充分发挥民主。我有意识地让学生参与管理,充分调动全班

每个同学的积极性,使学生的自我表现心理得到满足,民主意识得到培养,管理能力得到增强;同时发挥班委会和骨干的核心力量,以带动全班同学去努力实现集体目标。

有意义的集体活动能发挥娱乐、导向、育人的功能,我积极组织学生参与学校的文化节、体育节等各项有意义的活动,在活动中,促进学生相互关心、尊重、理解和协作,增强集体荣誉感和责任感。

班主任创建班集体的过程,就如同一个建筑师设计建造大楼的过程。当你看到班级工作一步步走上正轨,看到班集体获得一项项荣誉,看到学生积极向上的面貌,你会有和建筑师一样的成就感和自豪感,这种感受无疑是令人欣慰和快乐的。

## 二、在学生的转变与成长中感受快乐

2007级学生袁某,性格开朗、爱美、时尚,高一开始迷上了上网聊天、玩游戏,上课难以集中精力,经常一放学就去网吧,学习成绩明显下降。针对这种情况,我多次找她,以诚恳、温和的口吻询问她的情况,了解她的思想,给她指出过度上网的危害,如影响身体健康、影响学业、影响健康人格的发展,以引导她认识到自己行为的错误;同时积极与她的家长沟通、联系,向家长介绍孩子的生活、思想、学习状况,提醒家长要多关心孩子的学习生活,多与孩子交流;并设法让她多参加学校各项活动,使她的兴趣发生转移,培养积极向上的思想品质;鼓励她多参加班级组织的文娱活动,同时给她介绍一些有益的课外读物,以便她开阔眼界,扩大知识面,从而产生对学习的兴趣和热情。由于与家长的密切配合和集体凝聚力的感染,她认识到自己过分迷恋游戏的行为是不好的,干扰了自己正常的学习生活,对自己的成长非常不利。她开始减少上网的次数,逐渐将兴趣转移到集体活动中来,学习成绩也有了提高。

2011级学生胡某,上学期还是个活泼开朗的女孩子,下学期突然变得沉默寡言,总是一副心事重重的样子,上课也变得心不在焉起来。观察到这一变化后,我积极寻找原因,通过耐心而诚恳的交谈,我了解到她性格转变的原因。原来她偶然得知自己幼年时被生父母抛弃,现在的父母是养父母,她一时心理上无法接受,心灵受到了极大的伤害,对生父母和养父母都产生了复杂的情感。经过调查,我了解到她的生父母当初将她送人的难言之隐和矛盾心情,了解到他们现在还爱着自己的女儿并希望能和女儿相认。我从多个角度耐心开导她,劝导她从另一个角度看待这个问题,让她感觉到自己能够得到两个家庭的爱其实也是一种幸福和幸运……慢慢地,胡某逐渐走出了当初的阴影,与两个家庭的关系都处理得很好,性格也重新变得热情开朗了。

当班主任事情很多,很琐碎,很累,很烦心,但是,当看到学生在你的悉心教导下有了点滴进步,逐渐转变和成长,你一定会感受到一种从事其他职业所无法体会到的快乐!

### 三、在学校领导的关怀中品味快乐

学校领导对班主任的工作和身心健康都十分重视和关心,提出了"让学生幸福地成长,让班主任快乐地工作"的德育工作思路。为提高班主任的综合素质与管理能力,学校每年都要组织班主任参加各种形式的培训,包括青岛市教育局组织的培训和学校的校本培训,为班主任的成长奠基。为使班主任缓解压力、放松心情,更好地投入工作,学校每年都精心筹划和举办班主任"心灵氧吧""心灵鸡汤""才艺展示"等丰富多彩的活动,让班主任能拥有轻松愉快的心态。学校领导在理解之"杯"中,注入关注与关怀的"茶",这杯"茶"香浓醇厚,细细品味,心中便升起一份感动与快乐。

### 四、在与同事的交流中分享快乐

学校有许多优秀的班主任,他们在班级管理上都形成了自己独特的风格。例如,有的老师像妈妈一样,对学生有着慈母般的爱心和责任心,让我领悟到要想做好德育工作,就必须走进学生心灵深处,与学生进行心与心的交流;有的老师做学生思想工作温和细致,如春雨润物;有的老师教导学生则理正辞严,令人口服心服……这些优秀的班主任在长期的班级工作中探索、积累的方法和经验,是我们学校一笔非常宝贵的精神财富,每当听他们谈起管理班级的经验和转化学生的办法时,我在钦佩之余也受益无穷。学习他们的经验,汲取他们的营养,在班主任之路上不断成长,难道不也是一种快乐吗?

班主任工作是很有挑战性的工作,要想成为每一个学生的朋友,要想得到每一个学生的信任,需要付出很多的心血。但是,经历过后,感觉这一切都很值得,因为我们播种下的是责任,是理解,是爱,我们收获的是希望和快乐!

图 1-5　2020 级新生军训

# 家校携手,搭建健康成长平台

李政勋

2015年,习近平总书记在纪念中国关心下一代工作委员会成立25周年大会上讲话指出:"着力加强青少年思想道德建设,引导青少年树立和践行社会主义核心价值观,支持和帮助青少年成长成才,团结教育广大青少年听党的话、跟党走。"习总书记的讲话向全社会传达了一个鲜明的观点,"注重家庭、注重家庭教育、注重家风"。培养青少年的社会主义核心价值观,家庭、学校和社会都有责任,而在这几方面中,家庭是第一位的,因此,加强家庭教育势在必行。

## 一、从家长学校入手,让社会主义核心价值观走进家庭

家庭教育是学校教育和社会教育的基础,在青少年思想道德建设中具有特殊的重要地位。家长学校是宣传社会主义核心价值观、提升家长素质的重要场所,是推进社会主义核心价值观教育的重要阵地和渠道,是加强青少年教育的有效途径和重要环节。在社会主义核心价值观教育中,关工委和学校要高度重视家长学校工作,发挥家长学校在社会主义核心价值观教育中的作用,做到"三个加强"。

1. 加强教材建设。以党的十八届三中、四中、五中全会精神为指导,印发《社会主义核心价值观学习手册》,组成编写团队,把社会主义核心价值观内容与思想品德、普法知识、优秀传统、家风家训等教育结合起来,编写《社会主义核心价值观释义》《社会主义核心价值观践行指南》等校本教材,通过家长学校发给大家,在家长学校培训中使用。成立以骨干教师、"五老"、优秀家长等组成的宣讲团,举行专题讲座,向家长宣讲社会主义核心价值观的意义和内涵,明确

三个层面的内容和要求,让家长首先做到应知应会。

2. 加强课程建设。家长学校的社会主义核心价值观教育,要抓好课程建设,以社会主义核心价值观为指导,联系家庭教育的实际,开发家长学校课程。学校成立专题科研小组,确立研究课题,分层次、分步骤、分时段进行研讨,用取得的成果,指导家长学校的课程建设。教师采取集体备课与个人备课相结合的教研形式,写出有特色的教案,制作图文并茂的课件,为家长上好每一节课。教学内容既要注重系统性和科学性,又要注重针对性和实用性,以家庭教育中出现的问题为素材,采用案例分析、专题研讨、经验介绍等形式,为家长答疑解惑,向家长传授新时期育人的理念和方法。学校定期举行公开课、示范课做典型引领,及时推广先进的教学理念和教学方法,不断提高教学水平,提高家长学校培训的针对性和实效性。

3. 加强队伍建设。学校要依托家长学校讲师团、专家学者、"五老"队伍成员等,对班主任和骨干教师进行社会主义核心价值观培训,定期开办培训班、研讨班、经验交流会,不断提高教师的政治素质和业务素质;坚持"三为主"(以班主任为主讲教师,以班级为主要组织单位,以班级授课为主要形式)的教学模式;建立起以班主任为主的备课、研讨、讲课、检查、评价的教学管理机制,将教师在家长学校的授课列入教师正常工作量,并作为教师考核、评比、表彰、奖励的依据。

## 二、从家风抓起,让社会主义核心价值观教育落到实处

家风,是一种家庭风气、风格与风尚。有的是一句话,有的是几个字;有的贴在墙上,有的写进书中。这些长长短短的家风、家训中凝聚着价值取向和精神追求,体现了中华民族的美好传统与精神。家风是社会主义核心价值观的基础,社会主义核心价值观是家风的升华。因此,我们要重视家风教育。

1. 传承家风,美好人生。我国有"孟母三迁"和"五子登科"的故事,著名的《朱子家训》仅524字,精辟地阐明了修身治家之道;近代的《曾国藩家训》和《傅雷家书》,也都是谨守家风、先做人后成"家"的名篇典范。可见,前人在重视家庭教育上早已为我们树立了很好的榜样。时代发展了,社会变化了,又

给家风增添了一些新的内容和含义,但是不管发展,怎么变化,诚实、善良、勤俭、吃苦等优良的家风,一直是我们人格品德形成的保证。

近几年,我们各级关工委开展了丰富多彩的"话家风"教育活动,取得了丰硕的成果,为青少年教育发挥了重要作用。我们将继续创新家风教育活动,做到"三个结合",即与学校德育工作相结合,与社区青少年教育相结合,与关工委的工作任务相结合;突出三个重点,即以社会主义核心价值观教育为重点、以青少年群体为重点、以发挥"五老"作用为重点,为青少年健康成长成才贡献力量。

2. 传承家风,静以修身。"静"是一种精神境界,是一种修养,可以养性、养心。在静思的过程中,对人生重大问题的思考会更上一个台阶。当代青少年的成长环境纷繁复杂,经济全球化、文化多样化、思想多元化,特别是信息网络化,广大青少年接触外部知识和信息的机会大大增多。由于人生经验不足、思想不够成熟、缺乏社会经验,一些青少年思想和情绪浮躁,坐不下静思,不安心学习,对信息的甄别能力较弱,很容易受到外界不良因素的影响,导致思想困惑和价值缺失。青少年时期,不仅是长身体的重要时期,也是人生观、世界观、价值观开始萌芽并逐步形成的关键时期,我们要抓住时机,用科学正确的方法来引导教育孩子。读书,就是一个行之有效的方法。书籍是获取知识的渠道,是提高人素质的有效途径,是涵养静气的摇篮。正如莎士比亚所说:"生活里没有书籍,就好像没有阳光;智慧里没有书籍,就好像鸟儿没有翅膀。"读书妙处无穷,书香熏染人生,读书可以滋润心灵,开启心智;读书可以增长知识,去除无知;读书可以减少空虚,滤除浮躁。

在学校组织开展的读书活动基础上,关工委要联系家庭教育的实际,组织开展家庭亲子读书活动,提倡设置家庭书橱或书架,选定读书目录,规定阅读篇目,通过"父母课堂"进行阅读辅导;组织开展"读书演讲""读书征文""读书心得""书香家庭"等活动,激励家庭全员读书,人人读书,形成读书学习的良好家庭氛围,引导孩子走好青春期的每一步。

3. 传承家风,俭以养德。古人把节俭提升到了善恶的道德高度,认为节俭的生活习惯与品德修养密不可分。我们应该勤俭节约,时刻牢记"一粥一饭,当思来之不易;半丝半缕,恒念物力维艰"。春秋时期的御孙曾说:"俭,德之共也；奢，恶之大也。"毛泽东和周恩来廉洁勤政的故事，更是深入人心，成为全国人民的楷模。

当今社会，人们的物质生活水平有了极大的提高，家长对孩子在生活上有求必应、过分投入。许多家长给孩子买名牌衣服、高档玩具、高档手机等，让孩子从小染上爱炫耀、爱攀比的不良风气，让孩子养成贪图享受、挥霍浪费的坏习惯。越来越多的孩子因为家庭教育的缺失而走上了歧途，甚至慢慢演变成了危害社会危害人民的罪犯。我们必须高度重视这一现象，倡导节约、防止奢侈，我们要坚持"家风"教育、勤俭节约教育，经常组织青少年学生体会劳动的辛苦，时刻不忘劳动人民的光荣传统。

### 三、从父母做起，让家长成为社会主义核心价值观的引导者

习近平总书记在与北京市海淀区民族小学师生座谈会上指出："家庭是人生的第一个课堂，父母是孩子的第一任老师。"家长要时时处处给孩子做榜样，用正确行动、正确思想、正确方法教育引导孩子，要善于从点滴小事中教会孩子欣赏真善美、远离假丑恶，要注意观察孩子的思想动态和行为变化，随时做好教育引导工作。

父母是孩子社会主义核心价值观教育最好的启蒙老师，父母的一言一行、一举一动都是孩子的典范。我们常说，"喊破嗓子，不如做出样子""有什么样的爹妈，就有什么样的孩子"。正所谓言传身教，在孩子的眼里，父母的一言一行就是一本活教材，干巴巴的说教远不抵鲜活的身教。

很多父母总是苦恼，认为自己付出了爱，却收获不到爱的果实。这是为什么呢？爱孩子是人之常情，然而怎样爱孩子，并不是每位父母都明白的。世上的父母，都希望自己的孩子拥有一个幸福的人生，于是把所有的爱倾尽在孩子身上。可是，父母却忘了，溺爱也会害了孩子，一份掏自肺腑的爱有可能变成"毒爱"。因为这样父母在家庭教育中，忽视了孩子的品德教育，良好的行为习惯没有从小养成，有些孩子经不起诱惑，沾染了毒品、赌博、暴力、黄色等，给家庭带来不可弥补的创伤。所以，在家庭教育中，要坚持把"立德树人"放在首位，培养孩子"四心""五有""六个好习惯"。"四心"为爱心、善心、诚信、责任

心;"五有"为有梦想、有知识、有爱好、有技能、有作为;"六个好习惯"为自觉学习的好习惯、有礼貌的好习惯、孝敬老人的好习惯、助人为乐的好习惯、团结友善的好习惯、讲求诚信的好习惯。为了帮助孩子养成良好的品德,父母要以身作则做到"六要":要与孩子一起学习阅读、要与孩子一起讨论生涯规划、要与孩子一起做家务劳动、要与孩子一起孝敬老人、要与孩子一起参加公益活动、要与孩子一起参加社会实践。父母要通过点滴事情,从小抓起,在孩子的心里埋下种子,为孩子树立正确的人生观、价值观、世界观打好基础。

青少年是国家的未来、民族的希望,他们能否认同和践行社会主义核心价值观,不仅关系着中国未来的发展,而且直接影响中华民族伟大复兴中国梦的实现。正如梁启超所言,少年强则国强。让我们坚持不懈地努力,加强青少年的思想道德建设,使广大的青少年不忘初心,听党的话,跟党走,成为党和国家的优秀建设者和接班人。

# 第二篇
# 爱的陪伴温暖你的心

万千世界中

没有早一步　也没有晚一步

与你相遇

用爱的雨露滋养你的成长

因为爱着

我们勇敢　我们执着

孜孜不倦地交流　千方百计地引导

用心修剪你的枝丫

期盼有一天稚嫩的小芽长成参天大树

有时欣喜　有时心酸　有时茫然……

还好没有放弃

你的成长　就是我们最好的回报

用一颗纯粹的心

温柔地坚持　温柔地传递

善待每一场爱与信任的邂逅

有幸遇见　不负相守

让彼此的成长不负时光的流转

# 用爱和尊重为心灵打开一扇窗

李玉磊

时光轮回,生命交替,一晃我也成了一名有着十八年班主任工作经验的"老班"了。这些年我一直在学习如何成为更好的自己,如何与学生一起成长。我虽然也有很多困惑,但值得庆幸的是,对教育,对学生始终还保持着热爱和真情。班主任工作无疑是琐碎而杂乱的,说不上有多少技巧和方法,但是从事的时间越长,带班的方法越是纯粹和简单,那就是"爱与尊重"。

## 一、在相处中真诚,用爱在心灵之间架起桥梁

师生之间是一种亦师亦友的关系,老师既是学生知识和心灵上的导师,也是他们可以交心的朋友。建立链接和信任是沟通的第一步,正所谓"亲其师信其道",有了信任,有了沟通,才有可能谈得上教育和改变。

班里曾有一个孤僻、满脸倦容的男孩,刚开学的时候身上有伤,每天迟到,从不吃早饭,来了就趴在座位上睡觉,一睡就是一天,脸上丝毫没有同龄人的青春的气息和光泽感。我找他谈话,他从不多说,微信找他聊天,他也只是回复"哦""好""知道了"……谈话难以继续,收效为零。

经过了解,他是一个离异家庭的孩子,父母都重组了家庭,孩子因为时不时捅个大娄子,成绩又差,甚至汉语拼音都不会(手机输入信息只能用笔画书写),所以父母谁也不想要他这个"麻烦"。为了赚生活费,他在酒吧当安保,每天都是凌晨才回到自己的住处,因为没有公交车回家,弄了一辆二手的摩托,每天骑着上班、上学。

有这样的生活,他无法把心思放在学习上的。

为了解决他的后顾之忧,我打电话联系他的父母,多次沟通后,他的父亲答应每月按时给他生活费。他也答应我,每周末分别回父母家吃饭,帮忙做家务,照顾小妹妹,担起作为家庭长子的责任。生活费有了,他就不用去酒吧了,睡眠有了保障。他也不骑摩托车了,身上的伤也没出现过。

每天吃早饭的习惯他还没有养成,家里没人做,自己也懒得买。我开始给他带早饭,有时候是多做一份,有时候多买一份,早自习前悄悄放在他的桌洞里,什么也不说,没给他任何拒绝的机会。吃完的饭盒他就默默洗好放在我的办公桌上,后来我的桌子上出现了巧克力,还有他给我带的早饭。他不但接纳了我的关爱,还学会了回报和感恩。日常接触中,我也通过生活中点滴的事情鼓励他。

"你笑起来很好看哦。"

"你动手能力很强,参加管道技能大赛吧。"

"你学习的样子真帅。"

我们之间建立了深深的羁绊,有了最基本的信任,他知道我心中有他的位置,希望他变得更好。我说的话他几乎都努力去做。我们经常晚上聊天,谈论的话题也越来越多。有什么开心的事情,他第一时间让我知道,有烦恼也会跟我诉说。我成了他的重要朋友,开始越来越多地影响到他和他的生活。

他开始变了:不再迟到,不再上课时睡觉,脸上渐渐有了光,有了笑容,班级活动也开始积极参与,开始和同学一起打球,参加了健美操比赛,参加了市技能大赛,礼仪展示中光彩照人,深受好评。后来的他成了我的纪律委员,帮我维护班级的纪律,还参加了市里的技能大赛,取得了二等奖的好成绩。他实习的时候短短两个月就成了主管,成了大学生的师傅。他变得更加开朗热情,成了阳光的、灿烂的、帅气的男孩。

教育学生、转变学生,并不只是言语的引导,更重要的是用行动去改变他的生活环境,给他生活上的帮助,解决他的燃眉之急。教育不是强加与灌输,教育是点亮和唤醒。爱的沟通可以是一顿温暖的早饭,可以是一起打排球的欢乐,可以是一起玩游戏的默契,可以是一次平等的深入内心的对话……不管是上公开课,还是去送课、参加志愿者活动,我都要带上他们,我知道他们不是最好的,但是没有锤炼的他们永远成不了最好的。

每一次的班级活动我都在现场,尽量参与其中,艺术节比赛现场、足球比赛、实训课,我是他们的策划师、摄影师、后勤员、调度员兼心理咨询师。短短的几个月时间里,我给他们拍了上千张照片,存在 QQ 相册里,命名为"爱的内存"。他们需要鼓励的时候,有我鼓励的眼神和竖起的大拇指,需要拥抱的时候,我给他们一个温暖有力的拥抱。我想,见证他们的成长也是我为人师者最大的幸福吧。

**二、在生活中学习契约精神,用尊重让学生赢得尊重**

"成才先成人",职业学校的大部分孩子毕业后都要走上工作岗位。在带班的过程中,我始终把做人、品德教育放在第一位。技能可以点亮人生,但品德是做人的根本,在很多情况下可能比技能更重要。"答应别人的事要做到","三观要正,做人要善"是我挂在嘴边的话。

学会做人首先要学会尊重他人。接班的时候,我发现很多学生经常用三句话来搪塞老师,"我忘了""我不知道""我没听见"。当过班主任的都知道,大部分时候,这只是学生为了给自己开脱而找的借口,实际上也是对老师的不尊重。这三句话被我列为班级三大禁语,他们每次说这样的话时,我都会问他们为什么。最后的原因都归结为没有好好听,责任心不强,不尊重他人。那用什么话来代替呢?我教给他们两句话,第一句话是"我错了",第二句话是"我马上去(做)……"。第一句是教会学生承认错误,第二句是教会学生改正错误。这两句话既避免了师生之间的冲突,也让学生自己找到解决问题的办法。在这个过程中,学生学会了担当,学会了责任,学会了尊重。

面对在班级里打闹惹起的反感和误伤,我教学生学会人际交往的黄金法则——像你希望别人如何对待你那样去对待别人,让他们去了解对方的立场,尊重彼此的感受;面对女孩间闹矛盾,我让她们拉起对方的手大声说出自己的感受和不满,让她看到彼此的过去和内心,站到对方的立场思考问题;对中午坐在门厅的台阶上吃吃喝喝,弄得垃圾到处都是的丑态,我让他们打扫干净并保持一天的清洁,让他们尊重别人的劳动;针对微信群里要求"收到请回复"而少有人回复的,住校学生到家不给我发短信的情况,我教他们学习"契约精神"。"契约精神"就是各方在自由平等基础上的守信精神,要求答应别人的事必须要做到,不要轻易爽约,也不要轻易许诺;面对某学生不能控制情绪,不会合理宣泄,我采用了心理学的"橡皮筋疗法",共同约定 21 天的改变……教育人、改变人是世界上最难的事情,是用一个灵魂去改变另一个灵魂。只有在尊重基础上的沟通才能产生信任,才可能深入学生的内心世界,准确把握学生的心理状态,才能与学生产生精神的共鸣,达到教育和改变的目的。

### 三、在活动中成就学生,让学生体验自尊和被人尊重

十六七岁正是个性张扬的年纪,俗话说,世界上没有完全相同的两片树叶,当然更没有两个完全相同的学生。我的学生有的活泼可爱,有的胆小害羞,有的踏实认真,有的敏感倔强……要尊重学生的个性,就要承认每个学生都是不同的花朵。有的是自傲芳香的玫瑰,有的是低调不张扬的蒲公英,有的更像路边少人问津、自怜自叹的油菜花……但我相信不管是备受关注,还是少有问津,不管是生在温室还是困于冰雪,每朵花都有自己的花期,只要给他们阳光、雨露,每朵花都会绽放自己的美丽。所以我抓住每一次活动的契机,在活动中最大化地挖掘学生的潜能,教会学生如何与别人相处、如何展示最好的自己、用自己的努力赢得别人的尊重。

运动会时,从报名到入场式,我们精心准备,亮出了风采,喊出了气势,拿到了男子团体第三名的成绩。

市技能大赛中,我引导学生尊重技能,尊重专业,层层选拔,赛前动员,赛中关注,赛后疏导,两个在班级成绩倒数三名之内的学生拿到了二等奖的成绩。他们第一次体会到了为一件事情拼尽全力而取得胜利的感觉。

大合唱比赛中,我们排练了两个星期,集思广益,推敲每一个细节,利用每一个可以利用的时间,每次中午牺牲午休的时间练习,集合一个人不会少,用精益求精的精神拿到了一等奖。

一个喜欢画画的男生参加艺术节绘画比赛,最终在家居班占优对优势的绘画比赛中拿到了第一名。而他曾经是一个没有被家居专业录取的孩子,我精心帮他选择主题,一次又一次改稿,因为我知道这个第一名对他有着太多的含义。

艺术节中,我们参与的人次达到 30 多人,最终取得了第五名的成绩,对于一个职专班级来说已经实属难得;元旦文艺汇演中,学生更是各展所长,表演了五个节目。他们说:"老师,我们终于不用再当观众了。"是啊,第一次舞台演出

的经历都是青春最美好的回忆,那份光彩和努力会成为人生中无穷的动力。

形体展示课上,我的要求是一个都不能少,无论高矮胖瘦,站在台上展示就是一种成功。学生自编自演,每一组都有不同的音乐和动作。他们练习时认真地纠正每一个动作,没有一个孩子掉链子,服装统一,精神抖擞,让很多老师惊喜。认真的孩子最让人尊重,那一刻,没有人在意舞台上的你是胖还是瘦,眼神中的坚定和执着会让人感动。

短短的几个月,这个班的学生确实发生了很大的变化:出勤率提高了,旷课迟到的少了;作业上交多了,不写作业的少了;脸上的笑容多了,玩世不恭的少了;积极回答问题的多了,埋头不问世事的少了;得到的表扬多了,受到的批评少了;回家看书、学习的多了,打游戏、出去玩的少了。家长担忧少了,感激和赞美多了。家长看到了孩子的成长和改变,由衷地感到高兴。

教育就是点亮芳华的事业,我的芳华就在学生的青春中延续。每一个老师都是学生的摆渡人,用爱与尊重打开学生心灵的窗户,用耐心和智慧把学生送至人生的彼岸。我愿守护在渡口,一苇以航,不问西东。

图 2-1 "我们毕业啦"

# 缘始于遇见,情长于陪伴

李玉磊

那一年的九月,我接过了别人眼里的"差班",这个班出勤极差,班风彪悍;打架无人敢惹,上课睡着一片。周三成了一帮男生固定请假去网吧玩的日子,学校大小活动更是与他们无关。

## 一、缘分,不一样的开始

我还没见到学生,他们就在群里明目张胆地说要给我一个下马威。与这样的学生过招,不做点准备是不行的。我在假期提前一个月进入班级群,潜伏、观察,每一个学生的名字和特点都一一记录;与前任班主任和任课老师交流,梳理关注的重点。

我和学生还没见面,开学第一天报到就有学生跟我请假。

"老师,我明天要请假。"

"你是哪位同学,报上名来。"

"哦哦,那个……我是刘××。"我马上捕捉到一丝心虚的味道。

"明天所有学生都要报到,你请假的理由是什么?"我不急不躁,以不变应万变。

"我打工还没结束,要去上班,明天来不了。"

"哦,挺勤奋嘛,可是学生上学是第一位的。"我按捺住心中的波澜,暗示了上学和打工的重要性不同。

"我也想去啊,可是老板说,我要是不干满一个月,就不给我结工资。""对对,就这么说……"电话边上传来小小的声音,看来旁边还有"军师"呢,这是不是对我一次小小的试探？

"现在这什么年代了，还有这样的黑心老板，看来法律没学好啊，你把老板电话给我，这工资我帮你要。再说了，开学时间在放假时就下发了，没安排好，不是你的问题吗？明天必须来报到。第一次见面，不想知道我长什么样子，是个什么样的班主任吗？第一次见面总要留个好印象嘛。"我不卑不亢，温柔而坚定，还用上了激将法。

"也是啊，好像是我的问题……"对面已经偃旗息鼓了。

"明天等你来哦。"

"好，好吧。"

开学第一天，是我们的第一次见面。

"刘××，来了没？"我先点了他的名字。

"来了。"那个请假的孩子已经好好坐在那里，我不经意间，送去一个挑眉的动作。我就是要告诉他，这一局，我赢了！

"你是贾××吧，那边是王××，个高的那个是徐××吧，哦，这个一定是李××了"

"老师，你认识我们？！"

"当然，'四大金刚'名声在外，我怎能不知。"

很快，我把所有孩子的名字叫了一遍，顺便不点名地罗列了一下某些人的"罪行"，算是给了他们一个下马威。

"看来这个班主任是有备而来，不太好惹啊。"我看出来学生用目光交流的含义。

"但是，"我话锋一转，"我今天不是来找你们算账的，遇见就是一场缘分，万千世界中，你我能相遇，总要留点什么，你们是想留点什么呢？是让别人高看一等，还是继续当透明人？所有过往今天翻篇，从现在开始，你们重新来给你们的名字书写标签。"

"我是一个不太好糊弄的班主任，有底线，有标准，而且标准还挺高，我是思品老师，最会讲道理，不服咱就 Battle 一下！所以我对某些想混日子的人来说，你们的好日子到头了。"我目光凛冽，气场全开，下面一片死寂。

"但反过来说，也可以说你们的好日子来了，我也是一个有经验、负责任的班主任,班主任龄比你们年龄都大。我知道你们都是有巨大潜力的,可能还没有开发出来,我的班没有差班,个个都是优秀班集体,没有谁愿意甘于平庸,每个人都想发光。我相信只要我们共同努力,一定会把这个班级提升到一个新的高度,我们也会成为优秀班集体。"我用的词是"我们"而不是"你们",那一刻,我已经把自己视为班级的一员。

底下依然是安静的,但是在孩子们的目光中,我看到坚定和不甘,也看到了犹豫和迟疑,来吧,孩子们,时间会证明一切!

第一次小小的交锋,我让他们知道了凡事都有规矩,有底线,我希望孩子们重新书写和定义自己,把最好的一面展现出来。好的东西一直显露,就会成为习惯和本性;不好的东西永远不显露,久而久之,就可以抛弃它了。我爱我的学生,爱学生的方式有很多种,我选择教会他们辨别是非,遵规守纪,适可而止,学会做事做人。

要做"班级不可或缺的那个人"而不是"可有可无的那个人"。

"你负责好好表现,我负责努力夸奖。"

"给我一个闪光点,让我带你飞。"

"欢迎你来表演,但要请你演到底。"

在这些语言的鼓励下,我们一起开始了改变。

## 二、陪伴,最长情的告白

我校是一所中职学校,外来务工子女和单亲家庭的孩子相对较多。这些孩子的父母为了维持生计,经常在外面奔波忙碌,很多都是早上班或是晚下班,能跟学生聊天的时间很少,很少能真正静下心来陪伴自己的孩子,对孩子学业和成长关切不多。而且受自身教育水平偏低的限制,他们对孩子的教育显得苍白而乏力。这就更要求我们班主任,担起孩子生命成长的引导者、陪伴者的重任。

每个学生进入学校、走进教室,接触最多的就是班主任,在学生的心目中,特别是住校生,班主任就如同父母一样,每天都陪伴在他们周围,与他们一起学习、一起玩乐,很多成功的喜悦第一时间知道的是班主任,失败的悲伤时,也是班主任陪伴左右。这种长时间的接触,使得班主任的言语和鼓励对学生起到非常重要的影响。

班里有一个特别内向的孩子，很少开口说话，看人的眼神总是怯怯的、躲闪的。平常上课提问，我都是挑选容易的问题提问她，怕她紧张、回答不上来。但很快她就遇到了难题：课前演讲。她需要站到很多人面前，说很多话，所有人的目光都会看她。

"老师，她从来没有在台上发言的经历，所有课的课前演讲她都没有讲过。"她的同桌也是好朋友这样说。

"我们一起来帮帮她吧，这可能成为她人生中很重要的一课，如果失败了，会增加不好的体验，以后站上讲台的难度可能更大，如果渡过这个难关，就是克服了一个心魔，以后就会越来越好。"我这样解释道。

"好的，老师，我也跟其他同学说说，一定要鼓励她讲出来。"

"你帮她一起做 PPT，一定要让人眼前一亮，主题和内容我来帮她定。"我深知一份精美、内容充实的 PPT 课件，是她能站上讲台的底气。

等到了上课的那一天，我早早来到教室，发现她已经站到讲台的一边了，PPT 已经在屏幕上打开了。

"封面很漂亮呀，"我赞美道，"看来已经做好准备了，我们可以开始了吗？"还没有打上课铃，我没敢大张旗鼓地让学生鼓掌，就让一切自然而然地开始吧。

她却一直安静着，没有任何声响。她低低地垂着头，眼睛始终不敢看大家。

"万事开头难，开始第一句就好了。"我鼓励道。

"你这样开始，大家好，我是迟××，今天我给大家带来的课前演讲的题目是……"我慢慢地想引导教她说出第一句话。

还是沉默，时间一分一秒地过去了。

"我们用掌声鼓励一下她好吗？"我用目光示意大家帮我一起。

"迟××，加油！"

"你可以的！"

真诚而热烈的鼓励声传了过来。

大家掌声响起了一遍又一遍。她还是沉默……

怎么办？我要让大家继续等吗？最后的结果会怎样？我需要再等漫长的三分钟吗？我心中开始有点泄气。

我忽然想到了她的同桌："小凯，你上来站在她的旁边可以吗？"小凯上来了，贴着她的右臂站在边上，我也默默走过去，站在她的左后方："加油，小迟，别怕，相信自己，我们都支持你。"

不知道是掌声的激励，还是同伴的陪伴，抑或是我的话语，她终于开口了："大家好，我是迟××……"

我长舒了一口气，眼睛竟然湿润了，多么不容易啊，这对她来说，是人生第一次走上讲台，第一次对着这么多人说话，第一次做课前演讲。她虽然讲得磕磕绊绊，但总算完整讲完了。

"打多少分？"

"十分！"

"你们见证了她人生的一个重要时刻，十分是对她战胜自我、超越自我的肯定，今天你们表现出了友好、耐心和互助，我也给你们打十分！"

老师对学生理性的爱和陪伴，能唤醒学生身上一切完美的东西，激励他们扬帆前进。爱学生不仅要给予他们重新开始的机会，更要用爱的鼓励陪伴他们成长。职业学校的学生可能初中从没考过及格，从来没有参加比赛，很少得到老师的表扬。以前，他们可能总会退缩，说"我不行"，甚至还会受到讥讽和嘲笑。但在这里，我们可以慢一点再慢一点。我很庆幸我等了人生中最漫长的五分钟，我庆幸用五分钟的时间，等那位同学开口。我不知道下一次，她还会不会遇上这样的老师和同学。我也很幸运，陪伴在他们身边，见证他们一次又一次地战胜不可能，一次又一次地证明自己——原来，我也可以。

学生打球受伤腰椎间盘突出，我陪他一起去做理疗，顺便买上他爱吃的肉火烧；父母不在家，学生一个人感到害怕，我总会每晚打个视频电话，或找个她的好朋友陪她一晚；学生跟父母吵架跑出家门，我到网吧找到他，陪他聊天，送他回家……我有的时候不需要说太多，陪在他们身边就好，他们的心会变得温暖，他们的行为会变得乖巧。陪伴有时胜过说教，胜过打骂，是一副甜蜜的药剂，不经意地带来改变。

### 三、闪亮,不一样的烟火

我的鼓励和理念慢慢地浸润了学生的心灵,班级面貌迅速有了变化,笑脸多了,人心齐了,多名同学放弃了退学的念头,家长通过各种方式表达着他们的感激之情。各项比赛中都有了孩子们的身影,并取得了很好的成绩。

"老班,在台上看着下面的欢呼声,我感觉棒极了!"

"老班,原来我们也可以拿奖拿到手软。"

"老班,我觉得上学过得真充实,我现在不喜欢周末待在家里。"

"老班,时间怎么过得这么快,我有点不舍。"

"老班,我们一起过生日,别的班都很羡慕我们。"

"老班,我觉得我们好像过了个假的高一。"

…………

听到孩子们围在我的身边叽叽喳喳,我想,教育不就是让孩子们成就自我,获得成长吗?我在孩子们的眼里看到了光,看到了自信,看到了青春的闪耀。孩子们用自身的行动诠释了"青春就应如此闪亮,奋斗成就更好自我"。

这个别人眼中的差班,通过一年的努力坚持,完全改变了大家的印象,两个学期都被评为校优秀班集体,最终被评为了青岛市先进班集体。毕业前夕,每个人都争相在奖状墙前留影。

"这就是我们奋斗的纪念!"

"这就是我们的青春!"

看着孩子们一张张青春洋溢的笑脸,作为班主任,我的幸福感油然而生,那一刻我真心体验到一个教育者的自豪和满足。

在前期规划、多次调研的前提下,高三的他们坚实自信地走出了自己不同的人生道路。这群中考只有100多分的孩子,8人考入大学,实习的25人中,22人实现了对口就业,有18人将人生的第一份工作干到了实习期满,2人获企业"优秀实习生"称号,2人代表企业回校作优秀实习生讲座。实习对口就业率和优质就业率创下新高。

每个学生都有着个体的差异性,有着不同的家庭成长背景,他们成长为今天这个样子,也许只是一种无奈的选择。很多行为偏常生都是缺少爱和陪伴的孩子。开展班主任工作,爱是建立信任最基本的前提。缘始于遇见,情长于陪伴。我愿意用爱的陪伴,关注着每一个学生的成长,让每一个学生都成为不一样的烟火。

# 触及年轻心灵的对话教育

张　伟

　　杜甫说:"读书破万卷,下笔如有神。"班主任书读得多,见识广博,能更好地指导自己的工作,更好地引导学生成长。近期,我阅读了李镇西老师编著的《做最好的班主任》,有了这样的认识:如果说《三十六计》是军事将领必不可少的枕边书,那么《做最好的班主任》就是班主任不可或缺的案头书。这句话一点也不夸张。作为一线班主任,我很清楚,很多班主任都想实现科学民主地管理班级,寻找当班主任的幸福感,但是苦于没有一本成体系的涵盖爱心育人、教育民主、教育责任等动人教育故事的参考用书,有时在期刊上看到个案介绍,但常常是"杯水"难以解渴,难以领会其精髓。

　　"老师说得对,我的困难的确不如张海迪大,但老师的话不能解决我的任何问题!我并不是张海迪呀!从那以后,我再也不找班主任谈心了!""倾听是一种手段,目的是赢得信任,了解情况,提供帮助。但是倾听并不仅仅是手段,有时候也是目的。往往有这种情况,孩子来找老师,并不一定非要老师给他以具体的帮助不可,他只是想把老师当作一个倾听对象,排遣一下心中的苦闷而已。"

　　我感受最深的是我们习惯从自己的角度考虑与学生的关系和对学生的管理工作,用自己的喜好来对学生出现的问题做出判断,这种师生关系的不对称导致了师生之间关系失衡的局面。学生应该享有学习的权利、生活的权利、被人尊重的权利和爱的权利等。我们应站在孩子的角度理解孩子,走进他们的感情世界,体验他们的喜怒哀乐,才能真正走进他们的心灵,实现成功有效的对话教育。

　　因此,对话教育应从学生实际出发,遵循以下原则,加强科学精神、人文精

神的引导与合作。

## 一、尊重关爱——把学生当学生

班主任应该尊重学生。走在路上,学生迎面很热情地叫一声"老师好",班主任心情好时对学生点点头,心情不好时则鼻子哼一下,甚至装作没看见学生。如果你是班主任,可曾有过这样的经历?你可曾知道学生会怎样看待你?不亲近学生的班主任,学生同样不愿意亲近他。有一天,一个学生气势汹汹地叩开办公室,站在我面前一言不发。作为班主任,我意识到他遇到了问题,欲向我求助。我以真诚的眼光示意他先坐下来,待他情绪稳定之后,我第一句话便问,发生了什么事,遇到什么困难,咱们共同想办法解决。这时,他的泪水夺眶而出,我便递过去纸巾,等他接下来将事情娓娓道来。班主任和学生在人格上是平等的,班主任没理由对学生居高临下,应尊重学生,尊重学生的人格,与学生平等对话。

## 二、善于倾听——把自己当学生

班主任要把自己看作学生中的一员,跟学生打成一片,并不断向学生学习,以充实自己,提高自己。这句话说起来容易,实践起来往往很难,因为班主任常很难放下"师道尊严"的架子。虽然就学科知识、专业能力、认识水平而言,教师一般来说在孩子之上;但就人格而言,师生之间是天然平等的。学生聚餐常会邀请班主任一起参加,但又常请不到班主任,原因很简单,班主任不想跟学生做朋友。班主任对学生的这种疏远,也使学生疏远了班主任。如果班主任以朋友的身份亲近学生,学生自然会更喜欢班主任。

## 三、换位理解——把学生当自己

班主任要把学生看成自己的亲人,去关心和爱护。我当了多年的班主任,自我评价是能主动关心和爱护每一个学生。一名学生曾因为值日分配的岗位问题与卫生委员发生了摩擦。我与他从初中的学习生活、家庭背景及高中的目标聊起,切入今日问题的产生,共同分析梳理了问题的原因,找到了解决办法,他脸上露出了悦色。我校三分之二的学生住校，班主任虽然不常到学生家家访，但跟家长大多电话联系过。特别是新生刚入学的那个学期，我几乎天天都接到家长的电话，家长最关心和最希望的是班主任能关心和爱护他们的孩子。其实，班主任有责任和义务，也愿意主动去关心每一位学生。新生刚入学，普遍想家，于是我每天抽出一定的时间到教室和宿舍走走，跟学生聊天，了解学生的需要，帮助他们尽快融入新的集体，尽快适应新的生活。

### 四、引导矫正——把自己当自己

有的教师在批评学生不认真学习时经常说："你们现在不好好学习，考不上大学，将来饭都吃不上。"我不禁为这些教师感到悲哀。这些教师缺乏正确的教育理念，怎能对学生进行有效的教育呢？学生还是孩子，他们的观点不可能都正确，想法也不可能都成熟，对一些错误的观念和行为往往缺乏正确的认识。不知道这样的教师是否考虑到这样的教育对学生的心灵会造成多么消极的影响！我们教育的对象是活生生的人，教育过程需要人情味与技巧并重，正确引导，这样学生会更加信任我们。

在当今社会价值多元化的情况下，学生管理工作的难度增大，班主任越来越难干。面对这一切，我们无法逃避，只能去面对。做好工作，最基本的就是要有爱心。站在学生的角度理解学生，实施触及心灵的对话教育，赢得学生的信任与理解，学生才有话可说、有话敢说，才会信心百倍，才会心理健康。

图 2-2　学生演出后合影留念

# 让爱滋润学生成长

薛瑞菊

　　任教多年，我面对的是一份责任，是一个神圣的职业。作为人类灵魂的工程师，老师有着母爱般的伟大，有着父爱般的无私。

　　因为我是老师，所以我把爱无私地分给每个学生；因为我是老师，所以我要把学校当成我的一个家；因为我是老师，所以我得用自己的热情渲染学生的内心。老师的任务不就是要用快乐去播种快乐，用幸福去传递幸福，用成功去铸就成功吗？

　　教育家苏霍姆林斯基说过："教育学生的秘密在于尊重学生。"尊重学生是建立和谐师生关系的基础，尊重学生是将学生置于平等地位，尤其是对待"问题"学生要"三分批评，七分等待"，给学生改正缺点的时间。班级管理要宽严有度，尤其要做到严中有爱。没有爱就没有教育，教师的爱是滴滴甘露，即使枯萎的心灵也能苏醒；教师的爱是融融春风，即使冰冻了的感情也会消融。在平时的教育过程中，我要求自己以一颗仁爱之心平等地对待每一位学生，站在他们的角度去体验他们的内心感受，走进他们的情感世界。

　　我所带2008级班级中男生比较多，而且比较调皮，上学迟到现象比较严重。面对这群调皮的学生，除了对他们平时要求比较严格以外，更重要的是走进他们的心灵。他们不再把我当成高高在上的老师，而是像朋友一样。这个班的江同学刚入校时，给人的感觉就是玩世不恭，上学迟到、顶撞任课老师，动不动就把"活够了""没意思"之类的话挂在嘴边。我听了以后很吃惊，经常和他聊天。他慢慢地打开了心扉，告诉了我一些他很苦恼的家庭事情。我就经常开导他，让他多去理解家人，多去关心孝敬家人。当他犯错时，我不再用严厉的方式批评他，而是更能理解他、包容他的错误。慢慢地，他和我无话不说，每当我看到他情绪反常时，就会想到可能有什么事情让他烦心了，就赶紧开导他。后来他越来越阳光，不像以前那么悲观厌世，各方面表现也越来越好了。他对我说："老师，你是我上学以来对我最好的班主任，只有你最关心我。"我听了心里很感动，我只是做了一个老师应该做的事情，却得到了学生这样的认可。因此，那些"问题"学生，只要我们能去多理解他们，给他们改正错误的机会，他们都会进步的。当时虽然带这样的班很累，但最后收获到温暖和快乐，就算辛苦也值得。

用心筑成爱的教育，培养学生的集体荣誉感。苏霍姆林斯基说过："没有爱，就没有教育。"爱是人类最美的语言，住校的学生离开家人更需要老师的鼓励、理解和关爱。班里有些学生第一次离家住校，自理能力比较差，每当宿舍检查内务的时候，我就手把手地教他们整理床铺。每当下班时，我就先到教室看看班里学生的情况，和他们说会儿话，嘱咐他们注意饮食卫生。天气变化时，我会提醒他们及时添加衣服，不要生病，照顾好自己，让父母放心。我常和学生说，你们给我的感觉就是一下子多了28个孩子一样，你们生活中的点滴我都要想到，跟你们在一起，我的心永远那么年轻。学生听了，都很开心地笑了。

班集体是一个小小的社会，学生虽然来自不同的地方、不同家庭，有着不同的性格，待人接物、为人处事千差万别，但他们都热爱班集体。在运动会上，他们发挥自己的特长，在赛道上挥汗为班级争得荣誉；在校体育节上，由于不懂比赛规则，在即将胜利的时候被罚下场，一群孩子哭了。高中生活最可贵的是同窗情，大家在同一个班级就要亲如兄弟姐妹，遇到矛盾要互相理解，彼此宽容，在学习生活中要互相帮助。整个班级就像一个大家庭，学生在民主有度、紧张有序的学习氛围中，享受学习的快乐，整个班级充满了积极向上的氛围。在学校秋季运动会上，"薛家军"的出场让人振奋，整齐的队伍，嘹亮的口号，统一的班服，充分展现了一个和谐的、团结的集体。

用表扬和鼓励增强学生信心，促进学生快乐成长。我所带班里曾经有一个男生，他来自单亲家庭。刚入校时他自由散漫，不爱劳动、学习基础差，在宿舍里也不太服从宿舍老师的管理，问题不断。通过运动会，我发现他其实是个集体荣誉感很强的男孩。我抓住他这个优点，只要他不管是在值日时还是在宿舍里有一点点进步，我就在全班同学面前表扬他。慢慢地，他在日常行为上也表现越来越好了。在学习上，我征得他的同意，给他安排了一个学习好、负责任的女生做同桌，帮助和监督他的学习，他在学习上也有越来越有信心了，由期中考试没有一门功课及格到现在期末考试三门功课及格。每个人都希望得到别人的赞扬，学生也一样。表扬学生、赏识学生的闪光点，会使学生的信心倍增。

如果真心对学生好，真心付出，他们会知道，会真心感谢老师。我也希望自己永远对得起"老师"这个称谓，任何时候，都不能随波逐流，要拥有一颗公正之心、一份真诚之情。若干年后，面对学生，我问心无愧！

# 解析焦虑"方程式"

张　伟

在教育的路上,家长和老师的相遇,是一场爱与信任的邂逅。感恩相遇,不负遇见,是每一个老师的初心、爱心与真心,家校携手,共育花开。

一个早自习,我刚踏入教学楼,便听到从我们班传来动听的歌声,这是孩子们在练习大合唱。伴随着优美的旋律,我美滋滋地走进了教室。

习惯性的不打扰,习惯性的巡视,当目光扫到晓军时,我发现他的状态与这优美的歌声极不协调。他目光呆滞,毫无生机,一动不动地坐着,我意识到,他有事。

我走到他身边,轻轻拍了拍他的肩膀:"我们去操场溜达溜达吧。"一路上,我看得出他的纠结与不安。"今天的阳光如此灿烂,我们晓军的心情好像不大好。"我轻描淡写地说。这时,他的泪水在眼眶里打转,我随手把他揽过来,他趴在我肩膀上大哭起来:"老师,医生说我中度焦虑。"天啊,作为班主任,我最害怕听到的就是学生有心理健康问题。我故作镇定地说:"哎呀,你们老班如果现在去诊断一下,那肯定是重度焦虑了。"虽然,我知道专业机构检测一定是有依据的,但想起上周其他班一个患有抑郁症的孩子,因长期服药,造成肝脏受损,不得不退学。我想:一定不能让孩子给自己贴上标签。"你愿意相信我吗?""当然,老师是自己人,我信赖您。""那好,你告诉老师,你遇到了什么事情?"他边哭边讲述着妈妈的各种"罪行",如妈妈会对妹妹说要好好学习,可别像哥哥;当他想帮忙做家务时,妈妈总说什么都干不好……这种熟悉的习得性无助感跃然脸上。"怎么会呢?能选为数学课代表,说明你非常聪明;你是我们班的体育健将,我们班的运动会、体育节的张张证书都有你的功劳,老师认为你非常优秀。如果在心情不好的时候去做调查问卷是不准确的,让我来猜猜,是不是问你最近是否经常睡不着觉,不愿意吃饭,经常觉得自己一无是处?""对,老师。""这就是啦,老师明确告诉你,你没有心理问题。"我又一次问:"你相信我吗?""老师,我当然相信您。"我很高兴,他如此信任我。在两个多小时的交谈中,我取得了成功的第一步,他愿意把我当自己人,肯相信自己没有心理问题,我深知,要想解开心结,必须家校共育。

第二天,我悄悄地把晓军妈妈请来,找了一个无人打扰而又布置温馨的教室。经过一上午的沟通,我明白了,晓军小学成绩名列前茅,初中开始成绩不断下滑,他的妈妈花了好几万元为其补课。疫情期间,他告诉妈妈,上普高自己也会是倒数,他接受不了倒数的感觉,经过一段时间的抗衡,亲子关系处于冷战状态。妈妈怀疑,为了不上普高,晓军在中考时故意不好好答题,所以才会出现晓军口中的一幕又一幕。

可怜天下父母心,作为妈妈的我,怎会不理解晓军妈妈的无奈与心痛,但事已至此,再继续刺激孩子,情况只会越来越糟糕。经过协商,我们决定采用以下策略,首先从改善亲子关系开始。

自己人效应。告诉孩子"你是我们的家人""让我们一起努力""我也从你这个年龄过来"等温馨的话语。

共情,换位思考。以心换心,角色互换,感受孩子的情绪。

调味品效应。经常说些"废话""闲话",与孩子产生心理交融,这样两颗心就会挨得更近,亲子关系就会更加和谐,感情更加融洽,生活更加协调。

第三人效应。经常对孩子说"我听老师说""我听同学说"等,巧用第三人表达对孩子的欣赏与鼓励。

接着,我连续开展了"我被青春撞了一下腰""解析焦虑方程式""你好,我的李焕英"主题班会,让学生学会解析焦虑"方程式",懂得感恩父母。

很快,家校共育就起到了效果。晓军妈妈高兴地给我打电话:"老师,晓军变回了曾经的'皮夹克',我们家又洋溢着幸福的味道,感恩遇见您。"看着晓军脸上灿烂的笑容,想象着他们家温馨的画面,我想,焦虑的"方程式"我成功解开了。

感恩相遇,不负遇见。家校携手,让孩子成为更好的自己。

图 2-3　团结奋进的班委

# 仪式感，让我们走得更近

宋晓君

生活中，我们常常在寻找"诗和远方"。仪式感是一剂调味料，它可以把我们平淡的日子变成诗和远方。《小王子》中的狐狸说过："仪式感就是使某一天与其他日子不同，使某一时刻与其他时刻不同。"生活需要仪式感，教育亦如此。在陪伴学生成长的日子里，如果能够赋予某些时刻特殊的意义，如果能够创造一些美好的时刻，那么我们的教育就会有了诗意，变得更生动，从而给师生的生活都增添美丽的色彩。

## 一、初次相遇，怦然"心"动

我特别认同一句话：有一个人，你愿意听他的话，是因为他总是让你对未来充满了希望。作为一名班主任，尤其是职业学校的班主任，我们要努力做那个"他"，我们要让学生在与我们的交流和相处中，对未来充满希望。开学前的第一次见面尤为重要。第一次见面里的小小仪式感，会非常有效地打消学生对陌生环境的不适应感和对未来的迷茫，初步形成班级凝聚力。

在接 2018 级旅游 1 班时，我在暑假与学生第一次见面时用心做了一些准备。首先让自己养足精神，选了一套得体的衣服，早起为自己化了一个淡妆。第一次见面，一定要给学生留下美好的印象，用最阳光的精神面貌和始终挂在脸上的微笑去迎接每一个到来的新生。

然后，我为每一个同学精心准备了一点"见面礼"，每位同学一张小卡片，卡片的背面写着"欢迎某某某"，卡片里面亲手为同学们写了一些祝福和鼓励的话语，比如"很高兴在这里与你相遇，接下来我们携手并肩，一起加油""相逢是缘,共同成长""让我们一起开启美好的篇章"。孩子们走进教室,我微笑着亲手将卡片送给孩子们,那一瞬间,我从他们的眼神里读到了开心和期待,一张小小的卡片,悄悄拉近了我和他们之间的距离。

我也精心准备了开场白,表达着我对孩子们的期待以及对新的班集体的信心。那天我早早地来到教室,在黑板上画了一个心形,做完自我介绍后,我就把我的名字写在中间,告诉学生,我们走进旅游1班这个教室,就成了一家人,未来三年我们将一起携手度过。然后,我给了他们一点准备的时间,每个人依次上台做自我介绍,介绍自己的兴趣爱好,介绍自己对高中生活的憧憬和打算,对新的班级和同学的期望,并把自己的名字写在心形图形内。同学们被这样的见面方式打动了,既羞涩又开心地表达着自己的想法,心形也逐渐被全班同学的名字填满。

初次见面的小小仪式感让孩子们有了初步的集体的概念,我用手机记录了每一个孩子上台介绍的瞬间,回家后不停翻看照片,很快便记住了孩子们的名字和模样,这样在军训的时候,我就能够喊出学生的名字,让我们不再陌生。这次见面孩子们在临近毕业时还时常提起来,留下了难忘而又美好的回忆。

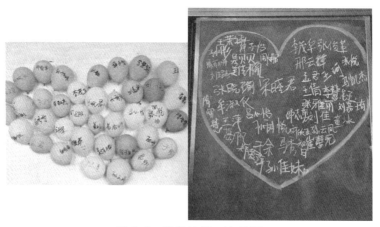

图 2-4 我们的第一次见面

## 二、复课归来,从"心"出发

2020年注定是让人刻骨铭心的一年,我们切身经历了一个因新冠疫情而被不断拉长的特殊假期。挥手时,寒冬暮雪,再见时,初夏芳菲。经历四个多月的漫长等待,5月20日,同学们终于重返校园。虽然假期里我和他们一直保持着联系,时常相互表达着思念之情,但毕竟不在校园许久,同学之间也难免生疏。为了让分别已久的同学们迅速调整状态,融入班集体,早上我早早来到教室,门上悬挂欢迎牌"穿过疫情风雨,归来仍是少年",黑板精心布置了"欢迎回家"的字样,屏幕上放出班级参加活动获得第一名的大合照,每个人桌子上都放了一块我精心挑选的漂亮糖果。每一个走进教室的同学,我都用最灿烂的笑容和一个爱的隔空拥抱,迎接他们的归来。我精心准备了课件,先和同学们一同重温医生、教师、志愿者等不同抗疫人员动人的故事,向奋战一线的"最美逆行者"致敬。最后,我告诉同学们:"山河无恙,花开正好,你们归来,虽然过去的时间有太多苦涩,可冬天已经过去,迎接我们的是美好的明天,新学期的每一天,希望都能像我送给大家的糖果一样甜甜的。"

久别后相逢的小小仪式感,让同学们非常惊喜,心很快就又聚在了一起,好多同学开心地发朋友圈:"新的学期在甜甜的老班给的甜甜的糖中甜甜地开始啦!"一些小小的用心的准备,就会让孩子们开心快乐,更加热爱班集体,更加阳光地一起携手前行。

### 三、节日祝福,"心""心"相印

李镇西老师说,一个教师,是否"优秀"不是最重要的,最关键的是是否"幸福"!"优秀"与否是别人的评价,"幸福"与否是自己的感觉。优秀教师是有限的,但幸福的教师可以有很多,而且就在我们身边,或者就是我们自己。在与孩子们的相处中,学生感受着我对他们的爱,我也在享受着学生带给我的惊喜和感动。

还记得教师节的前一天,我刚陪同学们一起跑完下午的课间操,回到办公室里喝水,班里的两名同学慌慌张张地冲进了办公室,告诉我班里小智和小辉打起来了,他们怎么也拉不开。我的心立马提到了嗓子眼,没有多想,就以百米冲刺的速度跑向教室。教室的门是关着的,我用力推开,没想到,接下来的场景,我一辈子都不会忘记。教室里哪有打架的影子,而是挂满了气球,讲桌上摆着漂亮的蛋糕和鲜花,一面墙壁上贴满了每一个同学送给我的祝福的话语,屏幕上还有同学们用我的照片精心制作的祝福背景,同学们满脸笑容,大声喊着:"老师,节日快乐!"我的心里万般感动、激动,泪水忍不住流了下来。班长代表同学们表达了对我一年来的感谢:"像花一样包容着我们的您,是 36 人大家庭母亲般的存在,谢谢您一年来对我们的教导和关心,您是我们永远都不会忘记的人,老师,我们爱您!"他们还精心制作了课件,回忆了一年来我们相处的点点滴滴,并献上了他们精心准备的节目……那一刻,我感觉自己是如此幸运,又是如此幸福,整个班集体就像一家人一样,心紧紧地贴在一起。

"我不是在最好的时光遇到了你们,而是因为遇到了你们,才有了这段最好的时光。"这是《老师好》这部电影伊始的经典台词。班主任在繁杂琐碎的日常班级教育和管理中,用心去创造一点仪式感,会让我们的教育更加有温度,让我们与学生相处的每一段时光都变成最美好的时光。

# 做最初的自己

张　伟

"哪位同学的《诚信档案卡》还没交？"

喔，教室的门开了，进来一位男生，胳膊夹着黑色皮包，平头，身着黑色短袖，牛仔裤。

我站在讲台上仔细打量着这位学生，问道："你叫什么名字？"

"尹强"，他回答道。

"下次早点到校，回位坐下吧。"新生刚入校，名字还不能全对上号，因为是周一上午第一节课，为保证科任老师的授课时间，我没与其过多地交流。

经过梳理，确认是尹强没交，于是，班长课间再次催促他及时交上，但得到的回复是丢了，没法写。我得知后既生气又疑惑，刚入校第二周，这么重要的任务，他竟然不当回事。下午第三节自习课，我把尹强叫到办公室了解详细情况。

"你的《诚信档案卡》为什么没交？"

"写这些没必要，没用。"

"如果因为自己不小心弄丢了，老师再重新给你一张，回去认真思考填写，明天交上来即可。如果是因为思想上不够重视，导致不能按时完成，那咱们可得好好聊一聊了。"

尹强好像有很多话要说似的："老师，我初中是在超银中学读的，初一、初二成绩还行，到初三成绩就跟不上了，所以来到了咱们学校。"我问："你学习最好的时候是哪一年？""初中一年级。""好到什么程度？""那时我考试总分全班第三名。""到初二呢？""能排十几名。""初三呢？""到了初三成绩一落千丈，开始倒数了。"

"为什么初三成绩下滑了？""因为作业多、考试多、起得比鸡早、睡得比狗晚，忍受不了，所以就放弃了。"

"你来到职业学校，心理有落差吗？在新的学校，新的起点上，觉得自己能不能取得好成绩？"

"有一点，我总觉得自己不行，不如别人。"

"问题就出在这，你总给自己输入不行的意念、不如别人的意念，结果你当然不如别人了，要有乌鸡变凤凰的决心和野心。现在你这样改变自己：每天早晨，每堂课前，每天晚上都全心全意想一想当年成绩最辉煌的情景，再现一下当时的信心、态度，这样就会激发你的勇气和力量。时间长了，施加的意念将通过潜意识起作用，将你改变为一个自信、向上、勤奋、好学的学生。"

随后，我引导尹强转变对职校生的认识，人与人之间千差万别，职校生文化知识课的成绩不如普高生，但不代表职高阶段不优秀。他们同样可以有梦想，成为一名能工巧匠或实现大学梦。我给他讲了个故事，从前有个鸡妈妈生了一窝蛋，其中有一个蛋颜色大小都跟其他蛋不同，所以这只奇怪的小鸡孵出来后，没人愿意跟他玩，有一天，这只怪小鸡看到一只老鹰飞过，它羡慕地说：我也想变成一只老鹰，其他小鸡都开始嘲笑它，但鸡妈妈说："不要管别人说什么，你要去试一试。"于是怪小鸡开始每天练习飞翔，摔了无数次，终于有一天，它飞起来了。那时，其他小鸡才意识到它原来是一只鹰。我们大多数人的命运都是这样的。

2017年，我校2013级学生组成的"梦龙百顺"代表队获得全国职业院校技能大赛测量赛项金牌，为青岛市中职学校测量赛项赢得首金，这是何等的荣耀。参赛学生若想继续深造，可参加山东省春季高考，技能测试免试。我真诚地看着尹强，"记住人生就像射箭，梦想就像箭靶子，如果你连箭靶子都找不到的话，你每天拉弓有什么意义。"聊了约半个小时，尹强声音低沉地说："老师，我知道错了，知道今后该怎么做了，我晚上回去好好想想，明天一早交给您。"直觉告诉我，与尹强的第一次谈话有收获，对他有些许触动。

接下来的日子，尹强不再迟到了，每天早上最先到校，然后把讲台擦得干干净净，物品摆放整整齐齐，乐于助人，充满爱心。

主题班会每月召开一次，第一个主题班会我定为"做最初的自己"。我先讲了刘媛媛的故事，她刚进到高中的时候，别人还没开始努力，大家还在一种新环境的兴奋当中，还忙着拉帮结派的时候，她突然觉醒了要好好学习，所以在高一的下半学期，她从年级的一百八十名提到了年级的第十二名，那时候就发现，只要你好好的认真地钻研，你的成绩就可以快速提高。后进生一定要有个心理准备，就是必须比别人更刻苦才行。

然后引导学生如何去做。要强烈地表现出求学诚意，让老师重视自己，用心教自己，不要被老师随便打发了。除了平时要努力外，还要腿勤，有问题及时去办公室找老师等，老师就会根据学生的情况，因材施教，全心辅导。

第一学期结束了，期末考试六个科目，尹强全部及格。开家长会那天，我讲到后进生的未来也有一万种可能，教育的目的就是让他们有更多变优秀的可能。后进生更需要阳光温暖，他们的改变，需要外因，即父母下决心责无旁贷地支持他们的改变。内因是他们自己要觉醒，不自暴自弃。父母要能欣赏孩子，处理孩子的任何问题都要注重自己的表达方式，先是给予赞赏，再给予鼓励，和风细雨的教育比雷霆万钧的打击更有力量和帮助，这样才能给予孩子足够的自信心。

第二学期，校春季运动会即将拉开帷幕，各班级组织报名，体委按照程序动员大家报名。两天过后，体委把报名表放到了我办公桌上。我一看，大部分同学都报了一个项目，尹强报了 100 米短跑、4×100 米接力。利用晨会十分钟，我向大家说明了平时训练注意安全，有任何需要可以来找我。但有一个问题，接力赛一组需要四人，现在只有尹强一人报名。他说："这不是问题，我来搞定。"听到这，我心里有一种说不出来的喜悦，竖起大拇指，为他点了个赞！

三年过后，他顺利地通过了三二连读转段考试，升入了烟台职业学院，后来又通过专升本考试，被菏泽学院录取了。前段时间，他还特地到学校来看我。

教育的本质在于引导，每个孩子都想得到父母、老师的认同和鼓励而不是打骂。养鱼重在养水，养树重在养根，养人重在养心，只有如此，方可使一名后进生变好，成就最初的自己。

图 2-5  难忘的劳动实践

# 尊重,让实习更精彩

宋晓君

在职业学校,实习是教学环节的重要组成部分,是学生迈向社会的重要阶段,也是检验学生综合能力的大课堂。实习,为职业学校的学生实现从"学生"到"员工"的角色转变提供了很好的缓冲平台,为她们更好地了解、适应和融入社会奠定了基础。因此,实习中班主任的管理和教育同样重要。在带2015级通信1班实习时,我深知自己身上的责任重大,尽自己最大努力考虑到方方面面,并结合我校"尊重教育"的理念,培养受社会尊重的学生,协助她们完成从学生到职场人角色的转变,进而成长为适应社会岗位需求的合格人才。

## 一、尊重学生发展,用耐心做好实习准备

实习管理是一个长期工作,并非仅限于高三一年的实习期,确切地说,从学生在校就应该抓起做好实习准备。

### (一)尊重文化构建,帮助学生进行职业规划

十几岁的孩子不知道自己想要什么,正确引导孩子们建立自己的人生目标,并帮助他们进行职业规划非常重要。我利用班会课的时间或自习课与孩子们经常探讨,让她们思考这样的问题:我现在具备了什么样的能力?我目前愿意做什么工作?实际工作中碰到挫折怎么办?结合职业生涯教育,帮学生规划未来职业发展道路,使学生在进入实习阶段之前有明确的阶段性努力目标。

### (二)尊重所学专业,尊重岗位意识的渗透

和学生的交流时我也总是引导学生树立这样的观念:尊重所学的专业,尊

重实习岗位就是尊重自己,要一直秉承着想把事情做好的信念,才有可能成为优秀的职场中人,才能获得别人的钦佩和尊重。这样的教育渗透为她们能够适应将来的职业领域做好准备。

(三)尊重行为养成,遵守学校实习管理规定

实习前,应该让学生清楚了解,用人单位需要的是综合性人才,需要具有较高的职业素养,表现为高尚的思想品德、规范的行为习惯,能吃苦耐劳,有较强的组织观念和服从意识,等等,而这些也恰恰是个别同学所欠缺的。因此,在校期间,我特意举行学校实习管理规定的主题班会,用一些规章制度来进行约束,让学生遵守学校实习管理规定,提高自身素养。

## 二、尊重学生诉求,用爱心助力实习过渡

实践证明,学生实习的第一个月是管理的第一个关键期。在这个月,班主任一定要格外上心,要用心去观察学生,通过走访、谈心、微信、电话联系等各种方式,了解学生实习的适应情况,有针对性地帮助学生尽快度过实习过渡期。学生刚刚走出校门,缺少社会经验,如何让学生端正心态平稳过渡,应该是这个阶段每个班主任最重要的事情。比如,对于闹情绪的学生要正确对待,尽量不生气,主动和其亲切交谈,了解情况,认真分析,站在学生的立场上考虑问题,多鼓励少批评,以心换心,赢得学生信任、理解和支持,真正解决思想问题,并给予学生更多的关怀和照顾,经常与她们互动,转发一些好的正能量的文章给她们,使学生顺利渡过实习中最难的一关——心态过渡。我们班是通信专业,大部分同学被分到海尔客服工作。我们知道客服工作需要很强大的内心,而学生刚刚踏出校门,第一次独立应对工作,难免会遇到很多苦恼。学生开始实习的第一个月正好是我们的假期休息时间,但我知道这个时期对于实习管理的重要性,所以我坚持每天都会和学生沟通,了解她们的工作、心情。不出所料,问题很快出现,孩子们纷纷找我诉苦,讲述她们在工作中受到的种种委屈,甚至表达了想辞职的想法。我听了她们的诉说,先是站在她们的立场,给予了充分的理解和鼓励,也是在第一时间,赶去海尔,与孩子们见面,了解情况。她们见了我很开心,激动地拥抱过来,仿佛好久没见的样子。我通过安静的倾听,让孩子

们得到了尊重,她们的心情也舒缓了许多,然后再进行耐心的沟通,让学生明确实习的意义,是要通过实习获得什么。慢慢地,孩子们意识到实习是为了让自己逐渐成长,学会遇到问题如何去调整心态、如何战胜困难,有助于尽早找到自己的定位,以便今后成为优秀的职场人。她们表示会继续努力,继续加油。当然,有极个别的孩子实在不适合这个岗位,我也会给予她们充分的尊重,与家长及时沟通,了解家长的诉求,尊重她们的需要,及时反馈学校,寻找更为适合的岗位,为她们的成长搭建更合适的舞台。这样的做法也使得我班学生的实习工作一直比较稳定,学生也在不断进步,好多同学的实习工作也得到了单位领导和同事的一致好评。

### 三、尊重情感交流,用诚心架起沟通桥梁

（一）与学生交流渠道通畅,建立实习管理平台

为了便于学生与班主任、学生与学生之间的联系,本班设立了QQ群和微信群,班主任与学生之间联系非常方便,不受时空限制,有事可留言,谈心得、催缴实习资料、交流工作体会。由于信息畅通,班主任可以及时发现问题、解决问题,为学生顺利完成实习奠定基础。同时针对我们班的实习情况,我还特意建了许多小的群,如海尔小分队,便于及时与孩子们沟通,第一时间掌握他们的动态。我还要求他们尽量做一周一交流,一月一小结,让班里的每一个孩子都在我的掌控之中,正是由于与学生交流通畅,我们班的实习工作开展比较顺利,学生也能够及时上交学校要求的各项材料。

（二）与企业沟通通畅,让尊重成为学生、学校、企业良好关系的润滑剂

对于学生来说,企业是他们新的老师,但对于企业来说,学生只是他们新增加的一批员工。这个时候老师就在中间起到了一个协调沟通的作用,我需要向企业反馈学生最新的心理动向,让他们更加了解实习生需要的关心和能承受的劳动强度是什么样子的。这样企业才能更长久地留住我们的学生。同时,我也会通过企业反馈了解到每一个学生在实习过程中的表现,以便于更好地、更有针对性地开展工作。有好几次我去企业查看实习的时候,企业的领导会感慨

说:"你们学校的老师经常过来看,真是负责任,真是关心学生啊!"我听完心头很暖,这是对我们工作的肯定和赞美。我们去走访,其实不光是看学生,让学生了解老师在关注他们,更是让企业的领导看到我们学校老师的负责之处。我们尊重学生,尊重企业的诉求,树立了学校的形象,让企业与学校、学生之间的关系都得以润滑,推动实习工作的顺利进行。

（三）与家长沟通通畅,尊重教育,携手家长,共同做好学生的实习管理工作

学生参加实习的一年,家长的观念对学生的影响很大,也很重要。实习期间,班主任还要做好家长的心理疏导工作,帮助家长认识到或许学生实习比在学校上课辛苦得多。而为了更好地做好学生的实习管理工作,班主任要及时将学生在单位的点滴进步,乃至心态上的点滴转变反馈给家长,激发家长对孩子的信心,同时,借助家长不断激励、鼓励学生,使其顺利完成实习工作。当班里孩子情绪出现波动,遇到什么问题时,我总会在第一时间与家长取得联系,与家长一起开导和帮助孩子。当然,也有孩子与家长之间出现矛盾的,个别家长与孩子不能有效沟通,意见发生分歧,这时候我又得调节孩子和家长之间的矛盾,尊重孩子的个性,尊重家长的用心,用心处理好家长和学生的矛盾。有一次我收到班里一个学生家长焦急的电话,她说她和孩子因为工作的一些事情吵架了,孩子愤然离家也不接她的电话,现在她很着急不知道如何是好。于是我立刻与孩子取得联系,电话里传来孩子的哭声,她跟我讲述妈妈对她的不理解以及情急时妈妈对她的打骂,讲述了她内心的想法。我听了孩子的诉说,不停地安慰劝说,并嘱咐她注意安全,平复心情,告诉她我来帮她劝说一下妈妈。然后我挂掉电话,接通家长的电话,劝说家长注意沟通方式,理解孩子的心情等等。就这样,一晚上来来回回,我给两个人轮流打电话,经过两个多小时的劝说和交流,最终母亲消气认识到自己教育方式的不妥当,孩子也决定回家,体谅了父母的心情。我通过自己的不懈努力,让事情有了好的结果,非常欣慰。这样的做法,让我和孩子及家长走得更近,也能够更加顺利、有效地开展班级的实习工作。

学生实习期间班主任的工作并不是想象中那么轻松,而是需要更用心,处

理细微的方方面面,操心、琐碎,但是我也一直在收获着感动:教师节孩子们的声声祝福,天气变冷时孩子们发来的关心短信,微信里表达的想念和爱,见面时热情的拥抱,不顺心时把我当作知心朋友一样倾诉,工作上取得好成绩向我汇报时的喜悦。师生的情谊在实习的道路上暖暖地传递着,而最让我感到幸福的是看到了学生无论在工作能力上还是心理承受能力上都在逐渐提高,他们在不断成长。

爱和尊重是教育的灵魂,尊重教育,让我们的实习更精彩。

图 2-6 学生实习前留念

# 第三篇
# 特别的爱给特别的你

在你身边　有这样一个人
他亦师亦友
是你吐露困惑的旷野
是你迷失航线的灯塔
是你的知心人　贴心人　暖心人
拨动你最脆弱敏感的心弦
教会你
可以犯错　但不可沉沦
可以彷徨　但不能逃避
可以失败　但不可放弃
去思考而不是叹息　去探索而不是自怜
他欣喜于你的每一个转变
欢呼雀跃似孩童一般　发自内心的欣喜
他的芳华在你们的青春中延续
从此
少了一个或顽劣成性　或弱小无助
或狂妄自大的学生
多了一个以青春之名　努力上进的好少年
多了一个和谐美满的家庭

# 一匹"烈马"的逆袭

李玉磊

　　小珠是个女孩子,言语和行为上却丝毫不像女孩般文雅。她一米七多的个子,五官很标致,皮肤有点黑,眼睛大而有神,是礼仪专业的学生,但一张口,形象就大打折扣,经常说脏话。打架当然也不是男孩子的专利,小珠"巾帼不让须眉",动不动就挥拳头。学校里的男生都畏她几分,真是一匹活脱脱的性情刚烈的"烈马"。学习成绩就不用说了,中考成绩只有不到100分,据说她是被别的学校开除了,到我们学校试读。

　　她来了没一周,就暴露了很多问题,纪律观念、规则意识薄弱,自由散漫,不喜欢学习,上课捣乱,有旷课现象,与社会青年交往密切,对老师更谈不上尊重,已经跟两位任课老师在课堂上"交锋"了。总之,她满脸就写着几个字——"我谁也不服!"

　　某日语文课,老师有一个字发音不准,她故意学老师,引起全班哄堂大笑,让老师很尴尬,老师批评了她。她觉得老师故意和她作对,以后的语文课上,总是故意找茬,甚至故意把书掉在地上,然后大声地说"老师,对不起,对不起,我不是故意的……"然后书再掉地上,再道歉,再捡起来。

　　某天,她和几个女生在操场上高声唱歌,有一个高一男生从她们旁边走过,低声说了句"神经病"。小珠听见了,起身就要打,男生一看不好,撒腿就跑,小珠从操场狂追到二楼,上去就扇了那个男生两巴掌。

　　任课老师经常跟我告状:"这课没法上了!"

　　"赶紧让她走吧,这孩子没救了。"

　　"再不走,整个班都要被祸害了。"

真的没救了吗？她目前是试读，让她走很容易。现在就赶她走吗？不，再等等，也许这是她能上学的最后机会了。

李镇西老师说过，学生心灵深处美好的道德萌芽，是学生自我教育的内在依据。但是对于一些"后进学生"而言，这些萌芽往往被各种缺点的"杂草"掩盖着。教育者的明智和机智，在于引导学生经常进行"灵魂的搏斗"，不但善于发现自己的可贵之处，更勇于用"高尚的我"战胜"卑下的我"。每个人心中都有在乎的人或在乎的事、擅长的事和自己的优势，总会有一个"高尚的自己"隐隐地闪耀光芒，我需要找到那个被"杂草"掩盖的蕴含潜能的学生，让其实现对自己的教育，进行灵魂的"战斗"。因为我知道内在的驱动力才是成长最根本的源泉，而那个"高尚的自己"，我也还没有看到，静观其变。

接下来的几天，我总会在人群中第一时间搜寻到她，她和同学们相处得还不错，有说有笑，表情夸张，很会讲故事；她放学总是拎起书包就走，从不逗留；数学课比较积极，知识掌握得非常快……头脑灵活，思路敏捷，有表现欲，有一定的号召力。

学生眼中的她很会玩，很聪明，还很仗义，很热心。学生说班里的同学都归她"罩着"，有事就找她。全面了解情况，只是我们"正面交锋"的第一步准备。

原生家庭对每个孩子都影响深远，随后，我瞒着她进行了家访。家访跟打电话不一样，面对面的交流更能体现诚意，更能深入了解家庭的情况。小珠的家庭比较特殊，家庭关系很不和谐，母亲身体不好，病休在家，父亲工作很忙，经常酗酒，回家比较晚，对小珠要么不管，要不拳打脚踢。初中时的她因为想逃离家庭沉闷的氛围，经常旷课，与一些社会青年混在一起，沾染了很多坏毛病。我跟她妈妈进行了深入的沟通，鼓励式的认可和真诚的交心赢得了她妈妈的信任和配合。家校联手，相互支持，这是我们"正面交锋"的第二步准备。

在一次向老师扔粉笔头事件后，她被我请进了办公室，高昂着头，带着不可一世的表情。她以为等待她的肯定是一次严厉的训斥。我想这样的训斥已经有很多次了，她根本无所谓，而且这样只会激化冲突。

"坐吧，"我语气平和，"咱俩聊聊呗。"

我顺手指了指旁边的座位，她半信半疑地看了我一眼。"真的就是聊聊天。"我诚恳的目光让她放下了一点点戒备，慢慢地坐下来。

"我小时候跟你一样,特别皮,爬树一点不输男孩子。"

"真的假的?!原来老师小时候也是个假小子。"

她的眼里放光:"那老师你打过架吗?"

"打过,用竹竿把邻居家一个男孩子的眼戳了,差点失明,小男孩嗷嗷哭,至今都记得。"

"哇哦,老师,真看不出来,你这么猛!"

"不过都是没上学之前的事了,年龄小不懂事,上学了,就不欺负人了。"

"为什么啊,性情大变?"

"也不是,就是懂点道理了,觉得欺负人挺没劲的。小男孩如果眼睛失明,我会内疚一辈子,我要有理,讲理就行,动拳头好像自己挺没本事的。"

"老师,你这是说的我吧……有些人做错事,就得好好教育教育!"

"你还挺仗义啊,可我怎么觉得都是你欺负人家,打完了,还是我收拾烂摊子。说不定还得麻烦你爸妈,有理就说理,动拳头要么是你理亏,没法讲理;要么就是你嘴笨,不会说话,说不过人家,情商低。"

"我情商低?!我嘴笨?!当年我在外面混的时候,大家都叫我'小算盘',精明着呢。"激将法还挺好用,我不禁暗笑。

"真没看出来呀,既然脑子那么好使,那以后还是用嘴讲理吧,不带脏字的那种。"我循循善诱。

"说话不带脏字,我不会说话啊。"

"你刚出生时,也不会说话。以后工作了,跟领导也这样说话吗?我打赌,你待不了三天。"

"好吧,说脏话确实不大好,我改。那别人欺负我,怎么办?"

"你是我学生,我罩着你啊。你有理我给你撑腰。"

"老大,真的假的?!"

"真的,别叫老大,嗯……私底下也不是不行……你这小弟,我收了……还有,打架成本太高了,哪天真要打坏了,还得赔钱,如果是轻伤及以上就是刑事案件了,你就当不了我的学生了,得去监狱。打架这事,就是气头上的事,上起火来,手下的分寸谁也掌握不了那么好。还有,照这样下去估计这个学校也待不了几天。"我尽量以她能接受的方式和语言跟她交流,文绉绉的一本正经的谈话不是她能听得进去的。大道理得揉碎了讲，见缝插针地讲。

"你是政治老师，你比我懂，哈哈哈。知道了，老大，哦不，老师……"

"还有，你妈身体也不太好，别老让她担心……"

"你知道我妈身体不好？"她沉默了一会，"我妈去年做了心脏手术，不能生气，她希望我能好好学习，等有一天她不在了，也能自食其力……我不想让她老担心我。"说起妈妈，她的眼神柔和了很多，眼里隐隐有泪光闪现。是的，妈妈是她心底最柔软的部分，孝顺是她心底里闪烁的另一个光芒。

"我知道，你是一个善良、懂得感恩的孩子。那怎么能让妈妈不担心呢？"

"我一放学就回家，就是为了不让她担心。"

"回家早妈妈就不担心了吗？你觉得妈妈还担心什么呢？怎么做才能让妈妈开心呢？"

"我的安全，还有学习。我现在还没有太大的能力给妈妈排忧解难，也帮不了太多的忙，我尽量不给家里添麻烦。"

"是的呢，一个人长大和成熟的表现就是不给别人添麻烦。你能这样说，说明你已经有了解决问题的能力，悟性不错，比同龄人要厉害很多哦。"小小的得意在她脸上绽放，谁说大孩子不需要夸奖，适当的赞扬对整天挨批评的孩子来说更管用。

接下来我又询问了她初中时的情况、进入高中的打算，温柔的话语使她戒备的心早已放了下来。在交谈中，我发现她并不是不想学好，只是长时间不学习已经丧失了学习的信心，不学习又觉得无聊，于是就自己找乐子，引起别人的注意。在这次谈话中，我也对她提出了做"文雅淑女"的要求，她也愉快地接受了。

走出我办公室的时候，她回头对我说."我没想到今天你没批评我，如果你批评我的话，我肯定不会和你讲这么多话。今天上课的事是我不对，我去找老师道歉。"

"敢做敢当，善于反思，给你一个大大'赞'哈！"向任课老师扔粉笔头的问题，我提都没提，她自己就想办法解决了，果然情商不低。

这一次交锋，我没有给她对抗我的机会，她只是一个初中不被老师关注，进入新的环境以种种方式引起老师的注意，希望得到爱的孩子。我长长地舒了一口气,毕竟再差的学生也有讲道理的时候。用尊重和适合的方法与他们相处,激发他们内在的善良和向上的心,往往能得到意想不到的效果。特殊学生总有特殊的原因,他们更需要老师的关注、尊重和理解。这些特殊的孩子的自尊心更强,如果家长、教师看不起他们,他们就会"离群",与教师、集体搞对立,成为一匹脱缰的"野马"。

接下来,我对她投入更多的关注,对其好的方面,如课堂上的积极表达、为班级钉地板擦、活动中提出好的建议,用欣赏的语言在班级进行表扬,鼓励大家向她学习。而对于她的一些缺点,如上课随意说话、骂人、行为不雅,我不在课堂中公开批评,而是进行个别教育,像朋友一样进行心与心的沟通。我对她的功课也进行了额外的辅导。我发现她数学学得比较快,于是我就让她早自习上来讲题,她很得意,感到自己得到了前所未有的重视,有了一种成就感,上课听课的劲头更足了,各方面表现都有了不小的进步。

可能是因为不需要面对面,她在电话里会和我说一些平常当面难以说出口的话题。于是我有意通过电话和她交谈,话题越来越多,也更加深入了,我们成了无话不说的朋友,我对她的许多问题在不经意间进行了正确的引导。电话成为我们交流的工具,正是因为这种交流,我们之间更加信任,成了好朋友。

有研究表明,孩子在 12 到 16 岁之间,会发生一次较大的转变,但这改变非常漫长,有可能持续数年时间才能完成,然后孩子的秉性会逐渐趋于稳定。教育人、转变人是一个漫长的过程。教育不是万能的,教育也不是一劳永逸的,孩子长期以来形成的一些不良的习惯,很难在短期内完全改变。小珠也出现了多次反复。我对她体现出了一定的宽容,但绝不是纵容,每次我都会认真指出,让她认识到错在哪里,如何去弥补,直到她心服口服,并付诸行动。

一个学期过去了,我欣喜地看到她在变得越来越懂事,身上有了越来越多的正能量,达到了全勤,经常主动帮助同学打扫卫生,为班级出谋划策,成了班级的灵魂人物。特别是她的考试成绩有了非常明显的进步,从原来的倒数第二名,上升为第十七名,再到第十名,一切都在好转。实习期间,她更是用灵活处事和认真的态度赢得了用人单位的好评。

有人说教育就是信任。"野马"因为从小放养,很难被驯服,要想让它听你的话,就要从感情上接近,找到情感的连接点。教育就是找到他们心中柔软的地方,闪亮的地方和在意的东西;教育就要跟他们在同一个频道说话,做他们的朋友;教育就是要相信他们,永远给他们改变的机会;教育就是等待,静下心来,等待他们成长的脚步。跟学生一起成长,看到学生的成长,也是做班主任的一种幸福。

图 3-1　2010 级通信 2 班运动会合影

# 特别的爱给来自星星的你

## ——自闭症学生转化案例

刘　钧

自闭症指有认知功能、语言功能及人际社会沟通等方面存在障碍，社会生活适应有显著困难，是一种较为严重的发育障碍性疾病。自闭症对青少年的影响是非常大的，大量研究表明，自闭症青少年生理发展的规律和大致时间与普通人并没有太大的差异，但由于其心理不成熟，自我意识较差，对行为缺乏自控能力，且容易冲动，认知活动方面有一定的障碍，从而造成身心发展的不协调，这种不协调随着生理的日益成熟而逐渐加重，在青少年阶段表现尤为明显。那么自闭学生该如何教育引导呢？

小龙是个患有自闭症的男孩。他生活中不会和别人交流，课堂中有时会大声地叫喊，有时又会表现得非常烦躁。他愿意在他人面前表现自己，用各种不同的方式吸引外界注意；有意摆脱、反抗外界的教育；自控能力减弱、情绪易变；开始关注异性，愿意与异性接触。

家长对他深感愧疚，一味在生活上迁就他，造成他的自我放纵。父母为急于给孩子治病，带着他不停地更换康复机构。每换一处康复机构，小龙必须重新开始，这种情况使他的心扉更加紧闭，内心的世界更是筑起了高高的围墙。

自闭症学生的沟通、交往能力低。正常的青少年能用各种方式将自己的苦恼、疑虑向朋友、师长倾诉，但小龙言语表达能力差，与人沟通交往的意识淡，不知如何将心里的困惑讲述出来。他在情绪、情感方面及表达方式上出现错误，需要发展不协调，低级的生理需要占主导地位，而高级的精神需要发展迟缓。所有的思维活动都停留在自我和周围感兴趣的事物上，很少顾及他人。但同时他也有着强烈的自主、独立的意识，不愿意再一味接受他人的指令。这种生理年龄与心理年龄之间的差距，就造成了小龙表现出一些偏差的言行。

## 一、爱的浸润帮助生活——逐步打开心灵枷锁

只要我们用心去爱，一切都会变得美好。在小龙上课之前，我多次在班级中向同学们开诚布公地介绍他的情况，既有着防范同学们戴着有色眼镜对待特殊学生的想法，更有教育引导同学们主动关心帮助特殊学生融入新的学习生活、奉献爱心的想法。经过反复的沟通交流、多轮"竞聘"，五名"生活助手"产生了。每天早晨，我们班都会有一名小龙认定的"铁哥们"在校门口迎接他入校，微笑着和他打招呼，轻轻地拉住他的手，领着他走进教室，安排好他的学习用品，一直陪伴到上课。课间，我经常会走进教室，和小龙一起在窗边晒晒太阳，聊一会昨晚吃的什么饭，看了哪些视频，我的眼光随着他动，尽管他极少回复我，尽管大多时间是我在自言自语，但是我逐渐感觉到，他对我主动问好和微笑的次数越来越多，也逐渐喜欢待在我身边。

中午就餐，小龙的"铁哥们"会帮他排队领餐，吃完饭后和他一起收拾餐盘，一起回到宿舍午休（为了便于照顾学生，向学校申请了本班宿舍的一个床位）。他起床后和同学们一起收拾内务，一起参加阳光体育活动。在爱的浸润下，小龙养成了良好的个人卫生习惯，自己洗漱、穿脱衣物、整理被褥，保管好自己个人财物，能够完成就餐。小龙逐步打开心灵的枷锁，更主动地和同学们在一起，尽管还是"非必须不说话"，但是脸上洋溢着微笑，逐步打开了心灵的枷锁。

## 二、爱的浸润语言练习——逐步融入同学群体

自闭症的困扰如同无形中给孩子创造了另一个世界，让他们陷入其中不能自拔。想要打开小龙自闭的那扇窗，让他逐步融入学习生活，就要用爱帮助他训练语言。

亲情接纳，用心沟通。要寻找语言训练的切入口，首先要让小龙感兴趣。小龙酷爱漫画，尤其是日本漫画《灌篮高手》，为此"铁哥们"到处搜寻这部漫

画书,与小龙课余时间一起阅读。我们制订的计划是设法与其沟通感情,激发他的兴趣。只有这样,在以后的练习中,小龙才不会产生排斥心理,从而顺利地一起阅读,一起交流,在分享和互动中进行语言练习。

课余时间,同学们会陪着小龙一起阅读,在一起阅读的过程中和他沟通感情,让小龙的语言练习在温馨和谐的氛围中拉开序幕。

游戏练习,互动模仿。阅读后便到了模仿阶段。在同学们的积极帮助下,模仿漫画书场景的画面经常在教室中出现。《灌篮高手》中的章节,同学们会身临其境。尽管小龙永远担任台词最少,甚至是没有台词的"安西教练",但是老师和同学们都很兴奋,因为小龙越来越喜欢这种模仿游戏了,乐在其中,还会偶尔"指导"同学们表演技巧。

我们下载了《灌篮高手》动漫的七八首歌曲,在一起歌唱、一起模仿的时候,作为一种非语言的沟通工具,可以成为小龙自我表达的媒介,丰富其自我情感,帮助他宣泄内在的情绪,得到情感上的满足。有了更多主动的体验、更多的参与和表达,而不是被动的聆听,小龙逐步融入同学群体。

### 三、爱的浸润人际交往——逐步适应学校生活

小龙的成长令所有关心他的人都充满欣喜。第二学期开始,我们便将目标设定为帮助他人际交往:学习与他人交往、合作的技能;使用能被社会所接受的语言;对环境中的现象做出反应;初步掌握待人接物时的用语、手势、眼神。

教小龙像同龄人一样说话。小龙之前常常一个人,极少积极观察和模仿同龄人或父母,因此无法获得学习的机会,缺乏参与其他活动的能力。从第二学期开始,周边同学每天都跟小龙说一些日常的话语"你今天吃早餐了吗?""早上好。""周末去哪玩了?"和他进行交流沟通。经过一学期的努力,小龙也会和身边的老师和相熟的同学打招呼,尽管很生硬,但是对比刚入学时候,已经有了明显进步。

带领小龙积极参加阳光体育活动。小龙严重缺乏各类运动的机会,为了增强他的身体素质和协调性,我们从简单的跑步、广播操简单动作开始,在集体的帮助下,他渐渐有了班级的意识,班级氛围也使他逐渐放松。

　　小龙的进步是明显的,但又是曲折的。我和同学们一起克服各种障碍,试着走进他,了解他,了解他的内心世界,满足他的内心世界——被爱,被了解,被尊重的需要……这才是真正意义的关怀,他慢慢地克服了自身的恐惧感。

　　课堂上,老师们会用生动的课堂活动吸引他的注意力,使其能够认真听课;同时加强对小龙的关注,对于他的良好表现及时表扬,增强他的自信心。体育课上,同学们帮助他运动,激发他的身体机能,转移他的注意力,帮助他改善自闭状态。我和家长频繁联系、沟通交流,利用正面引导进行强化,加强对家庭教育的指导,和家长共同探索教育孩子的正确理念和方法。如今的小龙在学校比刚入学时候成长了许多,能与他人进行目光交流,不再躲避他人,能回答老师的简单提问,与他人说话时能注视对方,能说十几个字的长句,会使用"我""你""他",跟亲近的师生们主动打招呼。

　　特别的爱给来自星星的你。自闭症学生转化是一个漫长的过程,由于种种的原因,特殊的学生总是把自己封闭在自我的空间里,不肯出来,也不让别人进入,在重重的保护层下过自己的生活。我们要让这个特殊群体及其家庭得到更多关爱,帮助他们重建美好的人生!

# 那颗最大最闪亮的星星

张　伟

青春期如诗般的梦境，让人久久难忘；

青春期如表面平静的火山，却蕴藏着无限的力量；

青春期，一个充满个性与张扬的时期；

一个充溢躁动与考验的时期；

她，是一个 180 斤的超大号美女；

她，是一个从来不敢穿裙子的女孩子；

她，是一个穿着 200 号校服的"女汉子"……

她，也是我们班的班长，

是校合唱队的主力成员，

是志愿者团队的负责人，

是学校所有活动都抢着参加的积极分子，

是班级中最大、最闪亮的那颗星星。

她是谁呢？她叫小娟。首先分享一下她的华丽蜕变。我教她的第一年九月份开学前，我通过微信小程序统计个人信息。在表格中有一栏是身高、体重，她微信小窗我："老师，我能不能不填表格呢？我偷偷地告诉你，你帮我统计上可以吗？"当我看到她的体重是 180 多斤的时候，我明白了，她因自己的体重而自卑，我不禁想：既然通过了面试，说明她一定有一技之长。报到当天，我特意关注了她，果然很胖，男生校服穿 180，她需要穿 200 号。报到当天上午，高年级同学到班里统计预报社团名单，不出所料，她因为自卑，一个社团都没有报。

　　我通过和她聊天,得知她喜欢唱歌,我想是时候启动霍桑效应了。于是在下午的新生主题班会中,我说:"听说小娟同学唱歌很好听,首先有请她为大家展示一下好不好?"在大家的掌声中,她不好意思地走上讲台,扭扭捏捏地唱了一首《天空中最闪亮的星》。我想:也许这就是她的内心独白,她想做那颗最闪亮的星星,或许是体重阻碍了她的愿望,她只能通过歌声表达自己的美好愿望。我立刻说:"愿你就是这颗最闪亮的星,给班级带来灿烂的光辉。"同时我宣布由她担任音乐课代表。几天后,霍桑效应就起到了作用。课间我发现很多同学围着她练习视唱和声乐,她脸上充溢着笑容,明显开朗、乐观了很多。

　　两个周后,校合唱团选队员,她举棋不定。我看着她纠结的样子,走到她身边鼓励地说:"大胆地去尝试一下,失败了,我们不后悔,但是轻易让机会溜走了,是没有后悔药的。"

　　"老师想着我行,我就真的行。"这是皮革马利翁效应。她成为合唱队的队员,由于是声乐课代表的缘故,在声乐科目中表现非常突出,她也自信了很多。

　　在班委竞选中,我采用"班委轮流做,这次到我家"的小策略,让每一个孩子都有机会选择适合自己的岗位,这也体现着角色效应。在轮流做班委时,她大胆地选择了卫生委员,每天早早来到教室,一遍又一遍细心地检查……正是这一角色的选择,征服了全班同学,大家一致认为她有能力做好班长。一个月后的班委投票中,她以 32 票获选班长。再后来,她身上自卑的影子消失得无影无踪……

　　一个因肥胖而自卑的孩子,在角色效应下,逐渐形成了自己的角色意识,认同自己,由被动扮演角色,到后来主动进入角色,逐渐自信成长起来。

　　她现在仍然是那个穿不上班服的超大号美女,但她会说:"老师,运动会我来举班牌。"在班级大合唱比赛中,她敢说:"老师,让我来指挥吧。"在朗诵比赛中,她坚定地站在了 C 位。在学校专业技能大赛选拔中,她不再逃避,而是勇敢地去尝试……

　　如今,她是我们班的班长,是校志愿团队的负责人,是班级中那颗最大、最闪亮的星星。这就是她青春期的故事,在她的故事里,我们可以看到霍桑效应、皮革马利翁效应、角色效应的重要作用。

　　愿孩子们的青春如花般绽放!

# 用一点一滴辛劳,换一分一厘进步

刘巧玲

我在担任 2020 级普职融通班的班主任时,我的内心是不平静的,因为我知道,我面对的,是一群经历了挫折但又有梦想、渴望成功的孩子。学校领导的要求、家长的嘱托,都让我倍感压力。

在这个班级中,不乏勤奋努力、好学上进的孩子,但也有部分思想和行为存在偏差的学生,他们对未来也有向往,却无法改变自己长期以来形成的"坏习惯"。对于这类学生,如何引导他们走上"正道",做到知行统一、实现理想,是我一直在思考和探索、实践的问题。我知道对这些学生的教育转化过程是漫长而艰难的,甚至有可能无法获得明显成效,我将自己的做法记录了下来。

小王 2019 年升入菏泽当地普通高中就读,高一下学期退学,2020 年到我校普职融通班重读高一。他语文成绩尚可,数学和英语成绩很差;喜欢唱歌,嗓音条件不错,人长得也挺帅,性格外向,交友广泛;家庭条件比较好,父母希望孩子能通过参加春季高考升入高职院校。

然而,让人感到头疼的是,他学习习惯很差,只听感兴趣的课程,其他课上课睡觉或发呆,不认真完成作业,更不用说预习和复习。他虽然不想放弃读书机会,也有把学习搞好的愿望,但不肯在学习上花时间和功夫,怕吃苦,随心所欲,期中考试成绩班级排名倒数第一。

他痴迷手机游戏,晚上常偷玩手机到深夜,然后早上赖床不起,谎称生病,多次旷早操、上课迟到;还有抽烟的不良嗜好,曾数次被老师发现课间躲厕所抽烟;违反学校学容规定,烫发、染发、戴首饰……

我通过电话家访了解了一些他的家庭情况:他的父母平时忙于工作,忽略了对他的管教，前两年又生了二胎，这使小王心理产生落差，更加放纵自己的行为。

我又通过跟他交谈了解了他之前的学习情况：2019年在老家曾升入普通高中，高一下学期因疫情原因没有到校上课，居家上网课期间缺少学校严格的纪律约束，更加养成了散漫、懒惰的习惯，由于长期的学习失败，导致对数学和英语等学科产生畏惧和抵触心理……

多年的班主任工作让我深深体会到，要成功转化一名行为偏常的学生，绝不可能短时间内就获得明显的成效，他多年养成的各种不良行为习惯，一时无法改变。我只能从细微之处入手，一点一滴地去争取。

首先晓之以理。通过在班会上强调校纪班规，课下个别谈话，摆事实、讲道理，帮助小王了解自身的思想品德和行为状况与学校要求的错位，让他认识到自己的个人表现与班级整体氛围的不和谐，认清目前的成绩与未来目标的差距，帮助他明白事理，分清是非，从而产生接受转化和自我转化的内在动力。

然后动之以情。尊重他的人格，以平等的态度、温和的口气，有时也用幽默的调侃方式与他交谈。真诚地欣赏他的每一个闪光点，如歌唱得好、会跳舞、人缘好，同时诚恳地指出他存在的问题。信任他做出的承诺，及时鼓励他的点滴进步。从生活上关心照顾他，热心地帮助他解决因离家远而带来的生活中的不便……以爱为舟，一点点向他的心灵深处漫溯。我相信，以尊重、真诚、信任、关爱之心，一定能消除他心理上的隔阂和障碍，实现情感的沟通，达到引导和转化的目的。

同时导之以行。针对他的种种违纪行为，提出明确的要求，让他自己写出"五条保证"和具体惩罚措施，并说明要接受老师和同学的监督，给他制度和环境的约束。从学习上耐心指导他，帮助他分析不足，制订学习计划，让班里的数学和英语优秀生与他结成学习帮扶对子。鼓励他积极参与健康向上的文体活动，如校园文化节的歌咏比赛、舞蹈比赛，帮助他树立信心。多次与家长沟通交流，向家长反馈问题，请家长关心、督促孩子的表现和行动……

春雨如丝，能缓缓浸润干涸的田野；我的努力和坚持，也让他渐渐有了进步的愿望和行动。开学后，他按学校要求整改了发型，期中以后，每天早晨基本能按时起床、上操、自习，偶尔偷懒一次也能自觉接受打扫卫生的处罚，手机每晚就寝前能做到按时交给宿管员保管。他的上课状态也有一定改善,在我和课代表的督促下也基本能按时上交作业,期末考试总成绩提高了八个名次……这些现象都很令人欣慰。

多年来的班主任工作让我越来越深地体会到"园丁"的寓意,园丁的工作,不仅有栽种、浇灌、施肥,还有修剪、除虫、护理……这些工作虽然十分烦琐、劳累,但是当面对满园桃李芬芳时,那种成就感和自豪感是别的任何行业都无法替代的!

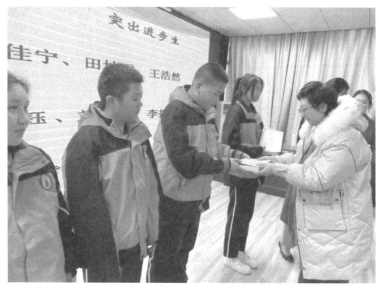

图 3-2    为突出进步生颁奖

# 静等花开

薛瑞菊

2011年8月烈日炎炎的一天,高一新生报到日。操场上,一排排学生按照班级顺序已经站好队伍,我见到了即将带领的新一届学生。

"刘玉。""到!""郑欢。""到!"……我拿出点名册,一个个点着名。"鲁山、鲁山。"无人答应,除了鲁山其他学生都已到齐。我带着学生来到教室,在我忙着给学生发放物品的时候,一个高高大大、皮肤黝黑,貌似憨厚的男孩拿着一个手提布包站在门口,诺诺地一声"报告"。"你是鲁山?""哦。""进来吧。"这是我和他的第一次见面。

终于忙完了,学生陆陆续续地离开了,教室里只剩下几个学生,我看见鲁山还没走,我走向他:"你怎么来晚了?""我坐错车了。"他低声说。鲁山临走的时候和我说再见,我嘱咐他到家以后一定给我打电话,他很痛快地答应了,我直到晚上也没接到他的电话,担心他又坐错车,电话联系他家长得知他早已回家,我才放下心来。

9月1号正式开学,一切很平静。可是开学一周以后,任课老师纷纷找到我,和我说鲁山学习基础很差,不完成作业,上课看着在认真听课,可是一问啥也不知道。还没等我抽空找他了解情况,一个学生急匆匆跑进办公室,"老师,快来,鲁山和别的班同学打架了。"等我赶过去,他低着头一声不吭,气得满脸通红,双拳紧握。我压根没想到貌似老实憨厚的一个大男孩竟然动手打架。

我经过和他谈话,知道了事情的来龙去脉,我明确告诉他虽然对方先挑衅,但是也不能用武力解决,有问题向老师反映,不能贸然起冲突,更不能动手,他有点羞愧地看着我答应了。我跟他进行了长时间的沟通,详细询问了他以前上学的情况，也了解了他之前是在体校上学，专业练散打，文化课基础很差，竟然连26个英语字母都不知道，可想而知他上课的状态。

慢慢地，他在其他方面的散漫行为也表露出来了，不上早操、上课睡觉、上课说话、在宿舍里不服从宿舍老师的管理、有时不愿穿校服，问题不断。我知道以前养成的散漫习惯开始复现了，必须将这种习惯及时纠正，否则拖的时间越长越难改正。结合他以前的表现，我将学校的校规和校纪告诉他，并告诉他这些行为将出现的后果。我又及时与他的家长取得联系，请家长加紧督促其学习，取得了一定的成效，但他偶尔还是会出现不遵守学校规章制度的现象。

一个契机来了，国庆节前学校举行的运动会上，他为了班级荣誉奋力拼搏，取得了男子5 000米长跑第一名的好成绩。我发现他其实是个集体荣誉感很强的男孩，于是就抓住他这个优点，只要他不管是在值日时还是在宿舍里有一点点进步，我就在全班同学面前表扬他。慢慢地，他的日常行为表现越来越好了。在学习上，我征得他的同意，给他安排了一个学习好的负责任的女生做同桌，帮助和监督他学习，从最基础的知识辅导他，只要有一点的进步我就表扬他，他现在在学习上也越来越有信心了，由期中考试没有一门功课及格到现在期末考试三门功课及格。在劳动方面，卫生委员经常向我反映，鲁山经常不参加值日，每到他值日时，我就亲自监督他。我发现他虽然懒散，但劳动的时候比别的学生会干活，就经常表扬他，让别的学生向他学习他劳动的样子，并让他担任值日组长。他带领小组卫生值日每次都是优，他越来越自信，在班级里越来越开朗，集体荣誉感也越来越强了。同学们也越来越喜欢他了。他以前迟到和旷课现象不再出现，作业也能按时完成，上课讲话、搞小动作的现象也随之消失了。

等高三实习分配时，他参加了大都会邮轮的面试。他在入学时一句英语不会讲，现在已经能与面试官简单用英语对话，同时凭借会散打的优势，他面试成功。工作后，他给我发来了在邮轮上和在香港游玩的照片，并欣喜地告诉我他的收获，我由衷地感到高兴。

对于后进生，每一个教师都会感到一些头痛。他们不仅学习基础较差，而对学习的积极性和主动性也较差，同时由于他们在以前受到过一些不公正的待遇，他们的心灵受到了一定程度的伤害，因此他们对同学和老师往往采取对立的态度。但是他们往往最渴望得到老师和同学的理解和关爱,我们不能忽略这一点。老师不仅要关爱成绩好和表现好的学生,更应该关爱成绩差和表现较差的学生,应该把爱洒向班上的每一位学生。如果不做到这一点,很可能导致这些后进生心理不平衡,甚至导致他们情绪失控和理想破灭。在促进后进生的转变中,我们要善于发现他们的长处,及时给予肯定,让他们觉得自己并不是一无是处,而是有一技之长的学生。同时鼓励学生参与教育过程,对他们取得的每一点进步都给予及时的认可。

三分教育、七分等待,对待后进生,老师更应该有耐心,每个学生都是平等的,都有闪光点,我们要善于发现,让它发扬光大。每个人都希望得到别人的赞扬,学生也是一样。表扬学生、赏识学生的闪光点,都会使学生信心倍增。静等花开,最终会给我们最欣慰的回报。

# 帮助学生走出孤僻

刘巧玲

孤僻,是青少年学生中常见的一种心理障碍,具有这种心理的学生往往沉默寡言、抑郁、自我意识强,不与同伴交往,很少或不参加集体活动,对自己与他人接触的能力缺少信心,行为神秘、古怪。孤僻的体验又使他们常感到空虚、厌烦和寂寞。这种心理严重影响着他们整体素质的提高和未来的发展,而且孤僻还往往与身体疾病甚至自杀、犯罪相关联。

学生的孤僻性格一方面是由于家庭原因所致,如有的学生因父爱或母爱不完整,心灵受到伤害,或者因家庭经济贫困,造成很大的思想压力,产生了严重的羞耻感和自卑感。有的学生则因为自小父母过分娇宠,只关心自己,只要求别人满足自己,至于别人有什么困难,他们并不去想,他们享受不到帮助别人和得到别人帮助的乐趣,只沉浸在自我的小天地里,一旦受到一点风雨打击,便感觉难以承受,以致沮丧、消沉。另一方面,学校方面因素也不容忽视,如有的学生性格本来就内向,又长期得不到重视,甚至受到某些老师和同学的歧视、嘲笑,容易变得更加孤僻。还有的学生因遭受挫折,如学习成绩不佳,竞赛活动失败,与同学发生矛盾,受到老师批评或其他方面受了委屈,这些原因都可以使学生原本脆弱的心灵遭到更大打击,从此丧失信心、一蹶不振。

孤僻性格与现代社会开放的生活方式、紧张的生活节奏、广泛的人际交往是格格不入的,如何使这类学生走出孤僻,以具备适应未来工作和生活的能力,是学校教育必须重视的问题。而在学校教育中,班主任与学生有着最直接、最密切的关系,全面关心、呵护、引导全体学生,促进他们的身心全面健康发展。对那些性情孤僻的学生,更需要班主任做大量耐心、细致的工作,寻求病源、对症下药,尤其要注意采取正面引导的方式,粗率的批评只会使工作适得其反,而漠然置之、不闻不问更是极不负责任的表现。

根据个人经验和体会,我认为做这类学生的引导工作,宜从以下几个方面入手。

## 一、施以更多的温情与关怀

有位长期做学生工作的老教师曾感触道:"班主任是个妈!"其实,班主任不仅要像一个细心的母亲那样关心学生身体的冷暖,还要时时留心学生的学习成绩、道德品质和心理健康状况,从这个意义上说,师爱比母爱更博大、更深沉。对于性格孤僻的学生,更应给予特别的关爱,如多找他们谈心,了解他们生活上的困难和心灵上的苦闷,从物质和精神上给他们以帮助和支持,使他们从心底感受到爱,感受到温暖,"春风化雨润心田",用崇高的师爱,激发他们生命中的热情、驱散他们心头的阴影。

## 二、给予极大的鼓励和信任

性格孤僻的学生往往自卑、敏感,遇事缺乏信心、畏缩不前,但他们内心深处其实又希望得到重视。为此,班主任应重视他们的尊严、价值和创造潜力,注意发现并发挥他们的特长,在集体活动中为他们安排适宜的位置,鼓励他们积极参与,并及时表扬他们的点滴成功,使他们收获完成任务的成就感和喜悦感,发现自己的价值,从而找回自信心,增加对学习、生活的希望和勇气。

## 三、通过集体氛围感染学生

集体对个人的"平行教育"影响是巨大的,教育家马卡连柯曾说:"集体是个人的老师。"班主任要善于组织、培养一个具有良好班风的班集体,用班集体中真诚友爱、团结互助、勤奋向上、和谐融洽的氛围感染和熏陶个别学生孤僻的心灵,推动、鼓舞他们走出个人自我封闭的狭小圈子,投身到集体大家庭中去。对个别讽刺、挖苦他人缺陷甚至有校园欺凌行为的学生,要进行严厉的批评教育,坚决阻止欺凌行为进一步发生。

**四、求得家长的密切合作与支持**

为收到更好的教育效果,班主任还必须和学生家长保持密切联系,充分利用家长会、家访、微信交流等形式,向家长了解、关注学生的情绪和行为变化,及时与家长沟通学生的心理状态,使家庭对学生的影响和学校保持一致,和家长一起抚平孩子的心理创伤,鼓励孩子面对现实和困难,让孩子感受到父母的真心关怀,促使其重新振奋精神。

现代社会竞争压力增大、新旧观念撞击,各种新现象、新矛盾纷至沓来,使如今的学生产生心理障碍和精神疾患增多。学校德育工作者应静下心来,与学生进行心与心的交流,帮助学生从孤僻的阴雨季中走出来,沐浴灿烂的阳光,拥有朝气蓬勃、胸怀磊落、个性独立、思想活跃的健康心态和健全人格。

图 3-3　为学生答疑解惑

# 感知心灵,润物无声

宫　婕

　　用心感知学生的心灵,多站在他们角度去考虑,很多问题就会迎刃而解。作为一名中职班主任,我经常会跟各种性格的学生打交道。中职的学生不同于普通高中的学生,他们普遍文化基础差,对学习不感兴趣;心理不成熟,缺乏坚韧不拔的意志。但是他们思想单纯、乐于与人交往,尤其是喜欢亲近老师,所以当某天英语课上,小浩因为在课堂上跟老师发生争执而被班长送到我办公室的时候,我是有些意外的⋯⋯

　　班长跟我描述了小浩在课堂上的表现,老师要上课了,提醒大家做好上课的准备,可是小浩不光桌面上空空、什么都没有,他还跷着二郎腿。老师又提醒他一遍,他才磨磨蹭蹭很不情愿地拿出课本往桌子上一扔。老师批评他态度不好,于是他跟老师犟起嘴来。看到他这个样子,为了不耽误其他同学的学习,老师只好把他"请"出来了。

　　我听完班长的汇报,心里想,这不对劲啊,小浩虽然是一个非常调皮的学生,但是他对老师一直都非常有礼貌,每次远远见到老师都会大声问好,跟老师一起回办公室都会主动帮老师开门,我经常会在班级里表扬他这些举动。但是今天的他,像一只发怒的小公鸡一样,脸和脖子都涨得通红,一进门就气呼呼喘粗气。我心想,要是批评他英语课的表现,他肯定会跟我吵起来的。我想起李镇西老师的话,要教育学生,首先必须了解学生,小浩这次异于平常的举动,肯定是有原因的,我一定要先找到原因在哪里。

　　于是我让班长先回教室,转过头来对小浩说:"哎,小浩,你今天进门好像都没问我'老师好'呢,是不是忘了呀?"小浩一听,先是愣了一下,然后有点不好意思地说:"老师好。"我连忙笑着答应。我又接着说:"这才对,老师一直夸你是班上最有礼貌的学生。"小浩听了这话,更不好意思了,跟我说对不起,我说怎么对不起了呀,他说:"我给您惹麻烦了。"我继续笑着说:"惹什么麻烦了呀?"他支支吾吾地说:"我英语课表现不好。""那怎么不好了呀?"我继续追问他,可是这时他不说话了,我一看这个样子,就知道他嘴上虽然说表现不好,但是心里肯定还不服气,我得先想办法平复他的抵触情绪。像小浩他们这么大的学生,正是任性、我行我素的时候,如果只是表面上承认错误了,而心里还留着个疙瘩,以后的英语课肯定还会出问题。

于是我又岔开了话题,问他是不是哪里不舒服。他说没有,我问他有什么事情心情不好吗,他说也没有。我继续开玩笑道:"那你不会是失恋了吧?"他一听赶紧说他连女朋友还没有呢,我说:"真的吗?长这么帅,脾气还这么好,怎么会没有女朋友?"他听我这么夸他,高兴得嘴都咧开了,直说:"老师没有,老师真没有。"我一看他这个样子,肯定不会再有抵触情绪了,可以步入正题了。

于是我就很严肃地问他:"那说说吧,你今天怎么回事呢?为什么会跟老师犟嘴呢?"他说:"老师,我没犟嘴啊,老师说我态度不好,我说我态度很好啊。"我追问道:"你是跟现在这样好好说的吗?"他说不是,我继续问:"那你是怎么跟老师说话的呀,是不是嗓门比现在大多了?"他说是,我继续说:"那当着同学的面那么大声跟老师说话,还叫态度好吗?"他说:"那就算是态度不好吧,可谁让老师冤枉我啊。我刚准备要把书拿出来,老师就说我没拿书,班里那么多人没拿书呢,干嘛老说我啊?"我说:"哦,是这样啊,老师批评你,觉得没面子了是吧?那你看见除了你,班里还有谁没拿书呢?"他说:"那倒没注意,但肯定也有人没拿,老师就批评我,肯定是针对我。"我一听,原来问题出在这里呀,他是觉得老师针对他呢。

我于是继续问:"那上课是不是应该提前把书准备好啊?那你提前准备好了吗?""没有。""那对不对?""不对。""那老师能不能说你?""能。""嗯,那你又不好好把书拿出来,还往桌子上一扔,是不是不尊重老师?""嗯,是。""那你该拿的书不拿,该好好拿还不好好拿,是不是做得不对?做得不对是不是就应该批评?""嗯,是,是应该批评。"就这么一问一答,我把他的思想工作做通了,剩下的就水到渠成了。最后我问他:"那应该怎么做,你自己知道了吧?"
"嗯,知道了,我一会下课就去跟老师承认错误,给老师道歉。"这时小浩又转向
我,真诚地对我说:"老师,对不起,我给您添麻烦了。"我能看出来这一句对不
起,是小浩发自内心的歉意。于是我又笑着对他说:"没事,你们现在的年纪就
是会犯错的年纪,老师之所以批评你们,不是因为你们不好,而是希望你们会更
好,你知道吗?如果这次上课你不提前把课本准备好,一会老师开始讲课了,你
再去手忙脚乱地找课本,肯定会耽误时间,影响听讲,对不对?老师这是对你们
负责,希望你们能够在课堂上好好学习,才会这样严格要求你们。遇到这样认
真负责的老师你是不是应该感到非常幸运?"听着我说的话,小浩连连点头。

在接下来的英语课和其他的课堂上,小浩再也没有出现过类似的问题,我
想,我在处理他和英语老师争执的事情中注重了他的感受,不是一味地责备他,
与他用心沟通,能够站在他的角度上去理解他,包容他,所以他才会真心接受教
育,他也真正懂得了老师对他的批评里实际上包含着对他的认真和负责。

一棵小树苗在生长的过程中,需要不断被修剪,剪掉那些分叉的树枝,才
能成为参天大树。我们的学生亦是如此,更需要我们不断引领他们,改正他们
的问题,纠正他们的错误,从而把他们培养成为正直、善良、真诚的人。就像李
镇西老师说的那样:"教书必须育人,以育人为本,书就好教了。"希望我能在教
育的这条路上坚定快乐地走下去,感知心灵,润物无声。

图 3-4 晨诵

# 沉睡的天使

### 赵　帅

"黎明的那道光会越过黑暗，打破一切恐惧，我能找到答案。哪怕要逆着光就驱散黑暗，丢弃所有的负担，不再孤单。"

这是歌曲《你的答案》里的歌词，每当我听到这首歌的时候，内心都会有感触。老师如同一道光，指引学生前进的方向。我相信每一个教育工作者都希望成为那一道光，去呵护学生，在学生遇到挫折和苦难时鼓励他们逆风爬起，打破一切黑暗。

2018 级 7 班是我真正意义上的第一次带班。我满怀信心地投入到这个班级中去，可让我头痛的是，我遇到了社会习性较浓的学生，小夏就是其中的一个。

开学不久，小夏就违反了学校的规章制度，作业迟交、早退、迟到、旷课都是家常便饭。他在上课第一天打瞌睡，老师提醒他，或许因为起床气太重，他就顶撞任课老师，搞得全班上不了课。再一次上这位老师的课，他直接扰乱课堂秩序。一连几个星期总是出事，实在让我心力交瘁。

学生在与你较量的同时，意味着他和你共同成长的机会来了，在较量的过程中能发现问题，共同解决问题。苏联教育家苏霍姆林斯基说："请你记住，教育——首先是关怀备至、深思熟虑、小心翼翼地去触及年轻的心灵。"可以说，谈心教育就是心灵交流的艺术，谈心更是教育的继续和补充！得知小夏喜欢打篮球，我利用平时课间和活动课时间和他在一起切磋球技。渐渐地，他越来越主动找我，找我分享球事，滔滔不绝。我感到与他交流的时间到了。一天下午，打完球后，我与他在操场坐下来闲聊："小夏，你球技很不错，学得很快，而且能看出你最近回家了没少研究呢！""那可不，你要是让我打球看球，一天都不带烦的。""那学习呢？这股劲分到学习上肯定也没问题，你看哪个篮球运动员不学习呢？英语、技能包括运动常识，他们也在学习着呢！"我循循善诱。这期间，我与他交流了许多，他也若有所思。我们共同制订了方案：尊重老师，学会平等对话，控制自己的情绪，养成自律，研究专业，参加学校的比赛。

原先小夏在我面前，目光蔑视，满脸不屑，谁也不怕，后来在我面前，头低到胸膛，不敢直视我的眼神。看着他对自己承诺的执行，我能感觉出他成长了。后来根据他的表现，我让他担任我的课代表。他果然没辜负我对他的期望，门门课学习优异，并取得了"三好学生"称号，后被我推荐进入校技能大赛队伍，代表学校参加市级汽修技能比赛，并获得一等奖。

他从内心自卑，要用不服规矩宣誓自身存在的大男生，转变成了主动承认错误，愿承担责任，许诺学好技能，增长本领的学生。这是知和行的统一，这是心与心交流的魅力。在谈心时，要挖掘学生平时的"闪光点"进行肯定和表扬，尽管他们开始会对老师的谈话有防御心理，但是我们要确实让他们感受到真诚帮助和关怀，同时还要带动他们一起去寻找进取的途径和方法，使他们在一个一个小成功的基础上一步一个脚印地成长。

教师的真正本领，不仅在于讲述知识，也在于激发学生的成长的动力，唤起学生的内在潜力，让他们自发自愿地参与到教育过程中来，让他们心有所想、所感、所悟、所行。

班里还有这样一个学生，报到那天，我看了学生学籍卡，发现一个孩子年龄比其他孩子大 2 岁，我意识到这孩子很可能是留级生。以后的日子我就重点关注了这个孩子王明，如我所料，他上课除了睡觉就是睡觉，整天浑浑噩噩。慢慢地，他出现连续 2 周违纪及旷课不来的情况。借此机会，我也想了解这个孩子的家庭和心理情况。据同伴说，他 8 岁时父母离异，法院把他判给了父亲，父亲经常不在家，他由爷爷奶奶抚养。他小学 5 年级时，他的父亲把他送到武校学武术。慢慢地，他变得很内向，经常会暴力解决问题。

教育的契机在于当孩子在意识和行为上有主动选择欲望时，你能帮他分析结果，指明方向，让他自己选择。他晚上的兼职是摄影，这也是他的爱好。接下来我推荐他进入学校的摄影社团，他积极参加了校外参观学习摄影、新生军训摄影等活动,表现优异。慢慢地,他和我聊得也多了,后来我鼓励他加入学校广播站。他也不负众望,成为一名骨干,活跃在校内外的各项活动报道中。

　　教育的契机在于用心观察熟睡的天使,在合适的时机唤醒他的激情。每一个孩子都有优点和光芒。当每个孩子带着美好的憧憬来到新的校园、新的班级,他们就像天使一般忘却以前的迷惘与困惑,我们能给他们什么,值得去深思。

图 3-5　我的班

# 我的一次家访

赵　帅

　　寒假前一天,借助学校"万名教师访万家"活动的契机,我与校长、分管领导到我班学生小生家里家访,这次家访给我留下了很深印象,在我的班主任生涯中留下了浓重的一笔。

　　小生,是一个有点胖胖的男生,性格羞涩内向,家住得离学校比较远。我对他的印象就是老实、不爱说话,后来他同村的同学告诉我,小生的母亲得了重病,我不禁对他充满了怜悯和同情。他唯一的一次犯错就是私藏手机。这个孩子在班级内老实憨厚,老师布置的作业总会认真完成,再加上他母亲的情况,我怎么忍心责备他呢?他走路时总是会贴向墙壁,也总是低着头。他的学习成绩中游,记得放假之前的家长会上,他的父亲出席,结束之后,和我交谈起孩子的情绪以及学习。因此,在放假之前,我约定好,假期到他家家访。

　　我们一行人开着车,沿着正阳路一直向西,在一个路口右拐,过了一座桥,右拐,又开了半天,终于到了。小生和他的父亲站在路口向我们招手。这是一个小村庄,村口有在下棋的老人们,也在不停地打量着我们,不远处就是高速路,车水马龙,一辆接一辆的车呼啸而过。看着小生脸上腼腆的笑容,我心里产生了一丝丝怜惜——这孩子,小小年纪便承担起家庭的责任,就算是人人,又有多少能如此坚持的呢?

　　在小生的带领下,我们来到了他的家里,见到了小生的母亲。她早就准备好了糖果茶水等候着了。在家长的热情招呼下,我坐上了马扎,紧靠着电暖炉,热热暖暖的,喝着茶水,聊了聊小生的表现、村子里春节的习俗。

　　最让我动容的是,小生的母亲紧紧握着我的手,我们就像是两个长久不见的亲人。这是一个坚强的母亲,由于化疗的关系,她的皮肤已经泛黑,但是她笑着说,在我们来之前,她还化了妆。是啊,她想以最美丽的形象见到这位孩子整日说起的老师。我能感到她在与我交谈时的感谢,也能看到她看向小生时眼中的不舍。小生听着大人们的交谈,一直在搓手,这个胖胖的男孩,懂得爱,懂得不舍,懂得坚强。我不时拿眼瞟一下学生,发现他流泪了。我轻轻地拍了拍他的肩膀,而他,回应的还是那个尴尬而不失脑腆的微笑。

我知道,其实这个孩子的内心里充满了感激,我对他说:"你是妈妈心中最柔软的地方,也是最不舍的人。不管你做错什么,妈妈都是你停泊的港湾,会始终在你身后鼓励你、安慰你。你要让妈妈为有你而骄傲!"他轻轻地点头。

家访结束,我们从学生家里出来,他的母亲坚持送到门口,站在那儿远看着我们离去,我强忍的眼泪却再也忍不住。我们招手送别,车子缓缓启动,看着他们的身影,我不禁心中感慨:一个孩子的身上,承载了母亲多少的爱啊!我们做班主任工作的,该怎样承载起关爱学生的重任呢?我们不是应该摒弃掉那些工作中不时会有的懈怠、冷落、慵懒吗?即使这些负面情绪每个人都会有,但是,对于教师来说,最重要的是爱学生、关注学生,做学生心灵的导师,精神的抚慰者、引领者。

爱是动力,爱是源泉。这次家访是小生改变的一个契机,或许是家访让他感受到了老师的温暖和关注。这个学期,我看到了小生的进步,他开朗了许多。我相信,小生会时刻感受到妈妈带给他的温暖,茁壮成长。

图 3-6　我的家庭,我的班

# 我看青山多妩媚，青山见我应如是

郭竹娜

## 一、呈案例

2020年9月，又是一年新生报到时。不同的是，今年我是高一新生班主任，为九月赋予了特殊的含义。没见面时，我就激动地准备着"见面礼"，想象着这是一群怎样的孩子。凭借以往的经验，我觉得一定是"我看青山多妩媚，青山见我应如是"这样的画面。

我由于多年带春季高考，形成了紧迫感的思维，从学生刚入校的第一天，我就布置了背诵语文课文、写音符等作业，甚至还视频讲解了视唱相关的知识点。军训结束后，孩子们已经背完了几篇课文，学会了几条视唱。第一个周末，意想不到的事情发生了，我发现孩子们有一个小群，群内炸开了锅，"我们老班是不是打了鸡血？""她这是要干什么？""谁知道呢？确定我们上的是职业学校？我们简直比普高还累。"……

## 二、析背景

中职生的年龄阶段处于个人意识显著增强的时期。长期以来，以"分数论英雄"的评价标准，让他们在初中阶段早已丧失了学习动力和目标，学习对他们来说是一件痛苦的事情。我想象的"我看青山多妩媚，青山见我应如是"在第一周就化为泡沫。我开始反思自己，的确，视唱对他们来说是一门崭新的学科，他们连五线谱都不认识，我却要求他们练习唱，着实为难了他们。

### 三、开"处方"

1. 自己人效应。在人际交往中,如果双方关系良好,一方就更容易接受另一方的某些观点、立场,甚至对对方提出的难为情的要求,也不太容易拒绝。这在心理学上叫作"自己人效应"。例如,同样一个观点,如果是自己喜欢的人说的,接受起来就比较快和容易。如果是自己讨厌的人说的,就可能本能地加以抵制。

2. 罗森塔尔效应。罗森塔尔效应亦称"皮格马利翁效应""人际期望效应",是指人们的信念、成见和期望对所研究的对象产生的影响。这种效应是罗森塔尔等人在其著名实验中发现的。

3. 留面子效应。这一效应指在向别人提出自己真正要求之前,先向别人提出一个大要求,待别人拒绝之后,再提出自己真正的比较小的要求,别人答应自己要求的可能性就会增加。留面子效应的产生,主要是因为人们在拒绝别人的大要求的时候,感到没有能够帮助别人,损害了自己富有同情心、乐于助人的形象,辜负了别人对自己的良好愿望,会感到内疚。这时,为了恢复在别人心目中的良好形象,也达到自己心理的平衡,便欣然接受了第二个小一点的要求。

### 四、巧实践

周一,我特意开展了"我看青山多妩媚,青山见我应如是"的主题班会。我和孩子们一起朗读了这句诗,让他们说一说这句诗的含义,并告诉他们这就是我还未见到他们时的心理期望,并反问他们:"你们期望的班主任是什么样的?你们打算如何度过最美好的这三年时光?"孩子们你一言我一语,讲述着自己的理想。我说:"老师听出来了,大家都希望学有所成,或在某一方面有所突破,或好好学习,将来专升本。老师是自己人,一定会尽全力帮助大家,与大家一起拼搏,一起奋斗,三年后,我相信你一定会感谢今天努力的自己。"然后我给他们分享了学姐们的事迹,结合军训时校长走到我们班时说的那句"这个班的孩子一看就不一样",利用罗森塔尔效应鼓励他们从小目标开始,一步一个台阶,一步一个脚印,走出属于我们班独特的风景线。接着我说:"孩子们,现在我郑重向大家道歉，由于我一直带高考班的缘故，形成了固定的思维模式，你们刚来，我就把你们当作高考生，最近布置了太多的任务，让你们还没来得及感受集体的温暖和新的学习生活的快乐，就被学习任务打败了，我只想着让你们快速进入学习状态，是我的错，请大家原谅。"说到这里，孩子们笑了："没有，老师，其实还好，我们知道你都是为了我们好。"我一看机会来了，马上利用留面子效应："我知道大家明白老师的心，但我反思了一下，确实为难大家。从今天开始，每天少布置一点任务，大家扎扎实实地走好每一步，可好？"顿时，教室里响起了热烈的掌声："太好了，老班万岁！"课后，我收到了几张小纸条，那是孩子们的"道歉信"，也是孩子们的心里话，我想真正的情感交融开始了。

现在的我们早已达到了"我看青山多妩媚，青山见我亦如是"的状态。孩子们口中的老班是"我们老班可好了"，我口中的学生是"我们班的孩子可亲人了"。

## 五、结语

教育是心灵的艺术。自己人效应使学生明白，我们是一家人，这样他们就很容易接受并相信我的话；罗森塔尔效应让学生看到了自己的闪光点，相信自己的优秀，产生前进的动力；留面子效应更体现着教育的智慧，既使学生欣然接受任务，又破解了我的难题。

图 3-7　军训如歌

# 莫疑春归无觅处,静待花开会有时

郭竹娜

**一、呈案例**

2020 年 9 月 2 日,是高一新生报到的日子。一大早,一名家长给我打电话:"刚和孩子吵架了,孩子什么也没带就出门了,请老师关注孩子是否去报到。"我的脑袋嗡了一下,难道这个孩子是"叛逆小刺头"?

不一会儿,他就出现在我的面前,我上下打量一番:卷发中有少许白发,高壮偏胖的身材,两手空空。

"你是小康?"

"是的,老师。"

"今早和妈妈吵架了?"

"嗯,她不讲理,还骂我,我实在不想听就跑了。"

"你先找个座位坐下吧。"

简单的交流后,我继续迎接着其他的同学,并让已经报到的学生打扫卫生。几分钟后,我发现小康在主动擦玻璃,并且擦得非常干净。在第一次班会课上,我表扬了主动打扫卫生的学生,其中包括小康,并让他起来分享擦玻璃小妙招。这时,我发现他脸上露出了丝丝笑容,看得出那是一种久违的成就感。但随后的几天,他迟到、上课坐不住、不完成作业的情况接踵而至……

**二、探背景**

高中学生基本度过了青春期的狂风暴雨阶段,从小康身上能看出各种不良习惯。通过谈话了解到,他很小的时候爸爸妈妈就离婚了,妈妈的身体和精神均受影响,小学文化水平的妈妈,不会教育孩子,恨铁不成钢,只会打骂。家庭温暖和家庭教育的缺失,使他养成了很多不良习惯。

### 三、析理论

小康妈妈的教育方式让小康认为自己"什么都不行",越来越不爱学习,逃课、夜不归宿都是家常便饭,从而产生极低的自我效能感,经常自我否定。在他身上,我看到了家庭教养方式和亲子关系对他的影响,他已经被习得性无助所支配,形成低自尊、无所谓的心态,手机游戏和网络世界才会让他快乐,带给他安全感。

### 四、巧探索

这样一个极度缺爱的孩子,我明白,不仅我,甚至全班同学都要用爱去拯救他,帮助他突破困局。

1. 放大闪光点,变身点赞人。小康虽然有很多不良习惯,但内心善良,喜欢帮助同学,爱劳动,不怕苦,不怕累。同学们不愿意去打扫的卫生区——餐厅,小康自告奋勇去打扫,同学们纷纷向他竖起了大拇指。我更是抓住他的点滴进步鼓励他、表扬他。慢慢地,小康变得活泼开朗起来,脸上经常洋溢着笑容。那是一种被需要的满足感。现在的小康经常会问我:"老师,又好几节课不见,想我了吗?"我知道这是成功的第一步,我们之间已经形成了互相信任的情感。成就感的取得离不开鼓励和赏识,这就是期待效应。

2. 牵手同学,同进步,共成长。为了尽快帮助小康突破困局,我在征求了一名比较优秀的女生的同意后,安排他们同桌。这位女生非常愿意帮助小康,课上督促他认真听讲,课下耐心监督他各种习惯的养成,周末和假期与其开视频一起写作业。作为班主任,我很欣慰地看到同学们之间手拉手互帮互助,共同成长。我也委托任课老师,只要发现小康的进步,一定要好好表扬他。渐渐地,小康不再迟到,因为迟到会给班级扣分,他认为这是一件非常羞愧的事,对不起同学,更对不起老师。这学期期末考试,我欣喜地发现小康的钢琴、声乐、视唱成绩均已进入班级中游水平。据了解,小康现在经常为妈妈做饭,亲子关系融洽了许多。

　　莫疑春归无觅处,静待花开会有时,让我们共同期待小康的华丽蜕变。

# 第四篇
# 细节让教育如此美丽

成功教育在于细节

看似微不足道　却足以打动人心

一滴水可以折射太阳的光辉

一根稻草也能成为压死骆驼的最后一根
稻草

教育是慢而细的工作

每个学生基本素质的养成

都是由成长过程中的点滴细节堆积而成

细节产生效益　细节成就完美

细节处见精神　入微处见功夫

建设方案

高屋建瓴　引领班级

学生活动

立德树人　润物有声

圆桌会议

携手共进　共话成长

尊重教育

内涵发展　人生出彩

实习指引

指点迷津　助力生涯

人人皆可成才　人人尽展其才

无声无痕的班级管理细节

彰显教育的美丽

# 打造团结进取型班级，
# 培育"五有"建设者

## ——班级建设方案

刘　钧

班集体是学生学习生活的基本场所，它对学生的全面发展有着深远的影响。教师要根据新时代职业教育的特点和要求，不断探索学生班集体的作用，深入分析学生班集体形成的特点和规律，全面总结和实践学生班集体建设的经验，让学生践行社会主义核心价值观和《中职生公约》，实现学校教育目标，把学生培养成德、智、体、美、劳全面发展的社会主义建设者和接班人。

### 一、班级情况分析：两极分化严重，畏难情绪普遍

2018级建工1班共有学生42人，都是男生，其中住宿生30人，共青团员2人，师生能够正常交流。半数学生有较强的集体荣誉感，对良好班风有着很强的期待，参与班级活动的热情很高，但另有半数学生没有明确的发展和奋斗目标。在学习方面，学生入学分数的两极分化现象比较严重，有2名500分以上的学生，更有12名200分以下的学生。一半以上的学生没有良好的学习习惯，普遍存在畏难情绪。

在家校沟通和师生沟通中我发现，三分之一的学生因为家庭成员从事建筑行业而选择我校；三分之一的学生因为"填其他专业分数不够"才选择本专业，谈不上了解和兴趣；三分之一的学生因为同学一起报考或者别人推荐而选择这个专业。除个别学生外，大多数学生不同程度地表现出目标不明确、态度不积

极、职业生涯规划不清晰等消极倾向。

1. 目标不明确。绝大多数学生"跟着感觉走",不了解本专业的就业方向和发展前景,不了解要学习和掌握哪些专业技能。

2. 态度不积极。部分学生责任意识和团队意识淡漠、低标准、宽要求,在做人、做事、做学问时缺乏必要的态度,不积极参与,得过且过,缺乏进取心。

3. 职业生涯规划不清晰。学生无法认识自己的能力,也不明确今后自己的发展前景,从家长到学生都抱着一种"有地上学就行"的心态。

## 二、班级建设目标:打造团结进取型班级,培育"五有"伟大复兴建设者

在这些畏难情绪和消极倾向影响下,学生看不到自己的努力方向和潜能,因此会出现学习障碍、人际关系、心理障碍等多方面的问题。本专业人才培养方案中要求"培养理想信念坚定,德、智、体、美、劳全面发展,具有一定的科学文化水平,良好的人文素养、职业道德和创新意识,精益求精的工匠精神,较强的就业能力和可持续发展的能力;掌握本专业知识和技术技能,面向土木工程建筑业、房屋建筑业等行业的建筑工程技术人员职业群,能够从事建筑工程施工与管理相关工作的高素质技术技能人才",结合班情,我设计了以下班级建设目标。

1. 集体建设目标:努力营造积极向上的集体氛围,打造团结进取型班级,改善"三不"现象。教育部为深入贯彻习近平总书记系列重要讲话精神,培育和践行社会主义核心价值观,进一步加强中等职业学校德育工作,组织起草了《中等职业学校学生公约》(简称"公约")。公约针对中职生的特点,提出了8个方面的基本要求,体现了以学生为主体、自我教育、自我管理的理念,对引导学生形成良好行为习惯,增强德育的针对性、实效性具有重要意义。师生经过共同研究探讨,把"公约引领"作为班级建设目标的关键词,力求把班集体变成学生成长的"充电桩、加油站",生活的"幸福港湾"和"有归属感"的家园。

2. 个体发展目标:聚焦核心素养,在培育"五有学子"上下功夫,依托积极进取的班风,培育"打造团结进取型班级,培育有理想信念和道德情操,有专业技能和终身学习能力,有终身受益的运动技能和健康生活习惯,有良好的文

明礼仪和人文素养,有工匠精神的"五有学子",使学生的成长符合身心发展规律,符合专业培养方案,培育现代合格的中职生,毕业后的建筑类技能人才和未来高素质的社会主义建设者和接班人。

3. 班级内涵。班训:搏在当下,筑梦未来,脚踏实地,建功立业。班级精神:团结、协作、进取、务实。

## 三、班级建设内容

"公约引领"与"五育并举",打造团结进取型班级,为学生成长助力。

(一)将"爱祖国,有梦想"与"有理想信念和道德情操"融入班级建设中

培养中职学生的爱国主义精神,是班级建设的首要任务。形式多样、内容丰富的主题班会、日常宣讲、时事新闻能让学生在知祖国、爱祖国的基础上,立报国之志,学报国之才,践报国之行。通过团支部引领、培养发展团员、外出研学、党团史学习等形式引导学生将"我的梦"和"中国梦"逐步结合,帮助学生了解祖国的过去,认识祖国的现在,展望祖国的未来。

通过介绍改革开放以来的伟大建设成就,充分利用各种途径讲民族英雄和科学家的卓越贡献,讲老一辈无产阶级革命家的丰功伟绩,讲社会主义建设的飞速发展,讲爱国主义理论、远大理想和奋斗精神,等等,培养学生关心祖国前途命运和荣辱兴衰,并随时准备为祖国的事业而献身的崇高而炽烈的道德情感,激励他们刻苦学习、发愤图强的精神,在班级中营造"闲情非吾志,甘心赴国行"的氛围。

(二)将"爱学习,有专长"与"有专业技能和终身学习能力"融入班级建设中

班级中大部分学生缺乏自主学习的意识,有不好的学习习惯,这严重影响了基础理论和专业技能的学习。建设班级学风,培养学生"爱学习,有专长",从以下几个方面入手。

1. 制定目标,督促完成。很多学生学习态度散漫,兴趣低下,甚至有厌学情绪,这是因为学生本身没有学习目标,尤其是一个能够使自己全心全力去实

现的目标。在这种情况下,学生的学习是被动的、漫无目的的。

制定高度适中的目标。从认真上好一节课,认真上好一天的课程,到认真上好一周的课程;从独立完成简单的作业,到独立完成较难的作业;从一次简单的随堂测验,到期中考试,期末考试,让学生在简单的学习中获得成就感,激发学生热情,充分调动他们的积极性。

因材施教,因地制宜。对于不同基础和性格的学生,和他们一起制定适合他们的目标,根据难易度和目标完成的情况,来调整目标,制定新的目标,形成一个良好的循环。

2. 培养学生独立学习的能力和习惯。教育的最终目的,就是要培养学生学会独立思考,提高他们分析问题、解决问题的能力,提高他们独立思考的能力。因此,班级建设不应该只停留在考试成绩的表层上,还应培养学生独立思考的能力。培养学生独立学习能力从以下方面入手。

培养学生发现问题的能力。很多学生,知其然不知其所以然,这就需要学生有发现问题的能力,能够自己主动发现问题的所在,能够自己独立地弄清问题的根源。

培养学生善于总结的能力。经过一段时间的学习,学生掌握了很多专业知识,或者有了很多心得,这些都是学习和思考的结晶,一定要让学生有大段的时间来消化,所以,要给学生足够的时间,让他们自己去总结、梳理,温故而知新。

构建良好的技能学习氛围。选拔推荐优秀学生参加学校各项技能集训队,鼓励学生参加各级各类技能大赛,以点带面,让更多技能出色的学生成为同学们学习的榜样。重视专业技能证书测试,学校组织的中级计算机操作员、建筑测量员、建筑制图员等技能鉴定,让学生认真备考、认真准备,在专业课学习中收获希望,收获成就,从而在后期学习中能够学有所获,技有所长。

(三)将"强体魄,保健康"与"有终身受益的运动技能和健康生活习惯"融入班级建设中

养成健康的生活习惯是学生的立身之本,在班级建设中,学生的生命安全、身体健康、心理健康是第一位的,要努力使我班的学生拥有健康的体魄,掌握基本的运动技能和健身方法,养成坚持体育锻炼、保持健康心态、讲究个人卫

生、合理饮食的良好习惯。

学生在校期间自主选择学习两至三项体育运动技能,包括球类、田径等,熟练掌握其中一项受益终身的体育运动技能。组织、引导学生每天保质保量完成学校阳光体育活动,做好广播操,上好体育课,完成国家规定的体育锻炼标准。组建班级篮球、排球、足球运动队,提高运动水平,积极参加学校和上级部门组织的各项体育活动,认真备赛,奋勇拼搏。向学校运动队输送队员,为学生提供多种形式的体育运动技能学习和比赛的机会。让学生在体育锻炼中享受乐趣、增强体质、健全人格、锤炼意志。

**(四)将"讲文明,重修养"与"有良好的礼仪和人文素养"融入班级建设中**

良好的人文素养是促进人发展的动力源泉。结合中职生的特点,班级建设着眼于提高学生知识和技能素养的同时,更要把握学生的全面发展,为其"终身发展"打好"精神的底子"。

"礼"是指在社会生活中,由于道德观念和风俗习惯而形成的为大家共同遵守的仪式;"仪"是指人的容貌、举止。所以"礼仪"就是指人类在社会交往中共同认可的行为规范。"礼仪"是一个人乃至一个民族、一个国家文化修养和道德修养的外在表现形式,是做人的基本要求。孔子曾说:"不学礼,无以立。"可见,礼仪教育对培养文明有礼、道德高尚的高素质人才有着十分重要的意义。

学生正处在成长的关键时期,其人格、品德尚未完全定型,中职阶段是对学生开展各项教育的重要时期,因此,在班级建设中开展文明习惯和人文素养教育,是非常重要且必要的。

班级文明礼仪教育的路径。文明礼仪是人文素养的基础组成部分,二者有共同的基本原则,人文素养教育旨在培养学生学会做人,文明礼仪教育是人文素养教育的重要着力点和突破口。

第一,结合公约和中职生日常行为规范的要求,开展文明礼仪教育专项活动。在文明礼仪教育方面,重点强调规范日常语言交流、服饰发型、文明使用手机等教育活动。

第二，规范、细化重大活动礼仪要求。集体活动应制定详细的礼仪规范，提高学生对活动庄严性、荣誉性的认识，经常对学生进行礼仪行为的训练，从而养成文明礼仪习惯。重大集体活动，如升旗仪式、重大集会，能充分挖掘和发挥群体对个体的引导、教育作用，增强学生的凝聚力和文明礼仪意识。

第三，普及文明礼仪知识，营造班级氛围。开展文明礼仪知识等各类主题班会和讲座，以寓教于乐的形式向学生普及学校生活、社会交往、家庭生活等方面的文明礼仪常识，同时以板报、云班课等为补充，构建一个崇文尚礼的班级环境。

第四，发挥学生干部的作用，严格日常监督和检查。一方面通过学生干部发挥示范作用，起到以点带面的效果，另一方面通过提醒、监督学生减少行为、礼仪问题，使学生逐步养成良好的文明习惯。

第五，开展文明礼仪教育主题班会和主题团日活动。积极参与学校举行主题教育活动，在各项活动的基础上进行有针对性的总结和提高，以解决学生个性化问题，进而创建文明班风。

（五）将"爱劳动，图自强"与"有工匠精神"融入班级建设中

党的十九大报告指出，要建设知识型、技能型、创新型劳动者大军，弘扬劳模精神和工匠精神，营造劳动光荣的社会风尚和精益求精的敬业风气。工匠精神是人们对所从事的工作追求完美的价值取向和行为表现，是一种职业态度和职业精神。中职学校是培养技术技能人才的"工匠摇篮"。因此在班级建设中融入工匠精神的培养，显得尤为重要。

第一，从入学教育专业介绍开始有效培养学生对专业的热情，从而开启学习上的专注力。利用晚自习和班会时间，组织学生利用多媒体网络观看自己专业的视频，让他们有更多的深刻印象，也能感知自己所选择的专业目前发展动态与前景。通过职业生涯规划的设计，系统地指导学生的职业技能和职业精神的学习，指导学生具体分析自己适合从事什么样的工作，并且以此为依托，在业余时间选择一些有针对性的社会实践，在实践当中看到有丰富经验的前辈们的精湛技艺时，也可以感悟到"工匠精神"，让他们在校期间就对未来自己可以从事的职业的认知从模糊到明确、从想象到直观，进而找到学习目标，坚定学习专

业技能的信心,自然而然调动起学习专业知识的热情。

第二,培养学生锲而不舍的恒心,多渠道激发"工匠精神"。针对现在多数职业学校学生存在心里浮躁的特点,采取有效措施,多渠道培养学生向着自己选定的目标努力去做,永不言弃。在班级中讲好工匠精神故事,让学生体悟到优秀工匠的精湛技艺。中国建筑的飞速发展过程中,涌现出许多大国工匠和劳动模范,这些都是要宣扬的实例,科学引导同学们围绕优秀工匠事例各抒己见,用"工匠精神"去武装学生的头脑。

第三,以学校和市级技能大赛为抓手,充分发挥技能大赛的引领、导向、激励作用,以赛促教、促学、促就业,培育敬业守信、精益求精、敢于创新的技术技能人才,与"工匠精神"实质相吻合。鼓励全员参与,协助专业老师挑选出优秀的学生,关注学生在培训过程中凸显的天赋和兴趣。

# 尊重让生命更出彩

## ——青岛城市管理职业学校推行尊重教育的探索与实践

李政勋

尊重教育是一种教育理念,也是一种教育的实践行为。职业学校作为社会主义核心价值观教育的主阵地,用尊重教育作为德育工作的着力点,更能发挥学校教育的作用。学校领导以人为本,推进尊重教育的教育理念,维护学生的尊严;教师珍视每一个学生,维护他们的自尊心;学生规范自己的言行,尊重长辈,尊重专业和职业。学校以"人人有才,人无全才,扬长补短,个个成才"为出发点,用尊重的教育培养受社会尊重的学生,让职业教育焕发出前所未有的生机与活力。

### 一、推行尊重教育的重要意义

尊重,是人类漫长历史发展中形成的最基本的伦理认识和道德要求。1948年12月,联合国大会通讨并颁布的《世界人权宣言》中指出:"教育的目的在于充分发展人的个性,并加强对人权和基本自由的尊重。"由此可见,尊重在学校环境中有重要的教育价值。尊重既是教育的思想和方法,又是教育的目标和归宿。

习近平总书记对发展职业教育做出过重要指示:要树立正确人才观,培育和践行社会主义核心价值观,着力提高人才培养质量,弘扬劳动光荣、技能宝贵、创造伟大的时代风尚,营造"崇尚一技之长、不唯学历凭能力"的氛围,开创"人人皆可成才,人人尽展其才"的生动局面。

"人人皆可成才,人人尽展其才"实际上体现了尊重学生的个性发展和个人需求。弘扬劳动光荣、技能宝贵,通过课程改革来提高学生技能水平,同样尊重了个人的职业需求。

尊重教育体现了教育的自由观、平等观。学生个体尊重的需要得到满足以后,就会爱国、敬业、诚信、友善,所以尊重教育也是社会主义核心价值观在学校教育中的具体体现。

## 二、中职学校推行尊重教育的背景分析

### (一)社会发展需要尊重教育

改革开放以来,我国受到多元思想的影响和西方价值观的侵入,中华民族的传统文化受到了一定程度的冲击。时尚庸俗的审美、不公平的市场规则、过度消费等观念影响了学生,尤其是中职生的价值判断。劳动光荣思想淡化,劳动缺乏被尊重,鄙视劳动的大有人在。所以,推行尊重教育,让学生树立正确的价值观、劳动观非常必要。

### (二)中职生的心理发展特点需要尊重教育

从心理学上看,马斯洛的"需要理论"把人类需求分为五类,尊重是人的一种高层次需要,当人在满足了生存、安全等的需求后,就渴望被尊重,希望自己的人格和价值得到肯定。

职业学校的学生很多都是中考失利,带着满满的挫败感而来,也有很多初中时期因为学习较差不被关注,被边缘化,更加需要学校和老师的关注和尊重。以尊重为前提的教育将重新激发他们的自信,让他们重新焕发活力。

从学生的年龄阶段看,进入职校的学生正值十六七的花季,有的叛逆期刚过,有的正值叛逆期,加之"00"后的孩子的特点,如对个性化生活要求更高、孤独感和自私感并存、对话语权要求很高、知识面更加宽广,更加要求学校进行因材施教和对学生实行个性化教育。只有这样才能为学生创设更多展示自我的机会,努力满足学生的尊重需要,促进学生身心和谐发展。

## （三）中职教育现状需要尊重教育

社会评价原因。因为社会观念、学生自身等诸多原因，中职生这一群体普遍存在社会形象不佳、受尊重程度偏低的现象。如个别学生的文明行为养成欠缺，在社会、学校或家庭中出现极端行为，使自己的受尊重程度降低；由于对职业认知的不成熟导致缺乏职业精神，影响了企业对学生的信任度，降低了企业在用工过程中对学生的尊重。

教师层面的原因。部分教师未能树立正确的教育观，教育中不尊重学生的个体差异和独立人格，强求一律；有些教师的教育方法简单粗暴，对学生轻则批评、训斥，重则体罚或变相体罚，使学生失去了人格尊严；教育中缺乏民主平等的氛围，不能正视学生的不同观点和看法，对此置之不理，或者讽刺、挖苦，使青少年学生的自尊心受到伤害。

家长的原因。有些家长独断专行，从不考虑孩子的自尊，常用命令和责备来强迫子女顺从自己的意志，对于孩子的决定和选择实行全盘否定。在这样的家庭中，家长和孩子的关系变得冷淡、疏远甚至紧张，孩子的自尊水平也会降低。

基于以上原因，学校唯有改变现状，以尊重为前提，培养和发展学生的创新能力和全面素质，才能实现中职毕业生的"完美逆袭"，提升他们在今后生活、学习以及工作中的幸福指数。

## 三、我校学生调查问卷分析

为了有效开展尊重教育，学校从尊重自己、他人、外部环境三个方面，对高一和高二年级的同学进行了调查统计，结果如下。

## （一）"中职生对自己的尊重"调查分析

学生中认为自己平常不受尊重的占 33.3%，受尊重的占 66.7%。很在意别人对自己的看法的占 91.2%，"走自己的路，让别人说去吧"的占 9.8%。受到批评时，认为没什么了不起的占 19.12%，觉得惭愧的占 14.42%，主动认错道歉的占 63.32%。在面对"是否想当学生干部"时，不想的占 9.93%，无所谓的占 8.15%，非常想的占 84.22%。从这三项来看，学生要求自我发展、自我尊重的意识还是比较强烈的。

**（二）"中职生在对他人的尊重"调查分析**

做错事或对不起别人时的态度，认为没什么了不起的占 18.99%，觉得惭愧的占 24.24%，主动认错道歉的占 53.43%。当朋友委托做事时，会拖拉着办甚至不办的占 14.06%，虎头蛇尾的占 21.8%，很认真亲自完成的占 62.97%。从这几组数字看，绝大多数学生对朋友是真诚的，但不尊重他人而不以为然的也大有人在。

假如你发现你最好的朋友犯了严重的错误却没有被老师发现，事后你会：为他庆幸的占 56.5%，向老师反馈帮助他改正错误的占 5.95%，私下交流告诉他今后不能这样做的占 36.81%。从这组数字看，不少学生不懂得如何去帮助他人，更不能深刻理解什么是真正的尊重他人。

**（三）"中职生在对外部环境的尊重"调查分析**

代表学校参加比赛，认为我是被选出来的代表，成绩好不好是我个人的事，不关任何人的事的占 15.44%；感到十分荣幸，有点飘飘然的占 10.14%；有压力，感到自己代了学校的荣誉的占 73.07%。到单位参加实习，觉得要踏踏实实认真干好的占 24.81%；没什么感觉，反正不一定留下，无所谓的占 57.45%；是学校的安排，不是我自愿的占 17.74%。

从这几项调查结果来看，多数同学对集体的责任意识较强，能够比较好地尊重自我，尊重外部环境，但部分同学对自己、对他人、对外部环境的尊重还有欠缺，责任心态也是让人担忧。所以学校要通过各种活动，为学生创设更多展示自我的机会，努力满足学生的尊重需要，促进学生身心和谐发展。

## 四、尊重教育的内涵

尊重教育即在教育教学中，依据教育规律，对受教育者给予充分的信任和尊重，以树立受教育者自尊、自爱、自信等良好心态，进一步促进自我教育，逐渐培养起对自我、他人、社会，乃至生命、自然等由衷而自然的尊重感，保证其人格健康成长的一种教育方法与过程。

我们提出"尊重教育"理念,主要遵循以下三个原则:一是尊重教育规律,尤其是职业教育规律;二是尊重学生身心发展规律;三是尊重学生的人格、人性,尊重学生个性发展,从而培养学生尊重自己、尊重他人、尊重社会的思想及行为。

尊重教育的内涵可理解为以尊重为前提,以培养和发展学生的创新能力和全面素质为着力点,以构建安全、文明、民主的和谐校园为目标。一是在教育中讲尊重,以尊重做为教育的起点和前提,并渗透教育的全过程,核心是尊重学生;二是在尊重中教育,以尊重强化教育,彰显教育本质,增强教育教学效果,关键点是构建新型的师生关系;三是教导尊重、培养尊重、健全人格,培养学生尊重品质,提升人格境界。

### 五、推行尊重教育的具体实践

学校牢固树立以人为本的教育思想,平等地对待学生,把学生培养成全面可持续发展,并在社会上尤其是在企业中受尊重的人,在这一理念引导下,进行了一系列尊重教育的探索与实践。

#### (一)观念转变构建新型师生关系

在尊重教育中,老师的观念很重要,老师对学生的态度、思想行为完全可以影响到家长和企业。老师应该从传统的师道尊严中摆脱出来,努力改善师生关系,公平地对待每一个学生,不管他们家庭的经济地位和社会背景如何,也不管他们的学习基础如何,甚至不管他们的表现如何,对他们都应一视同仁,尊重学生人格,建立起民主、平等、和谐的师生关系。

#### (二)生涯规划助力尊重教育实施

加强对学生职业生涯规划的教育与引导。在深入了解专业对口职业群的基础上,端正态度并适当调整目标。德育组开发了"职业生涯规划"校本课程,被评为青岛市精品课程;为每一位学生配备导师,间周一次的生涯规划导师课,导师与学生一起围坐在一起畅想未来;为每一个学生建立起了生涯规划档案夹,记录学生的点滴成长;鼓励学生参加文明风采杯生涯规划大赛;帮助学生进行情感规划,使其把握住恋爱的底线,正确处理学业、道德和情感的关系,为自己和他人的将来负责。一千个学生一千个规划,每一个学生都是不同的,每一个学生的个性都应该被尊重,职业生涯规划教育真正实现尊重教育,是尊重教育的有效组成部分。

(三)教学改革适应学生的个性需求

课程设置改革。第一,大力鼓励校本课程的开发。每个专业都有根据学生的掌握能力、社会行业的需求,在充分与企业调研交流的基础上开发的校本课程,如"列车实务""物业常用设备""智能楼宇技术""3Dmax 室内设计与制作",其中"列车实务"和"3Dmax 室内设计与制作"被评为青岛市精品课程。第二,进行课程改革。通信专业适当取消了部分专业理论课的学习,加强如"演讲与口才""礼仪""市场营销"专业技能课的培训与考核,并在这些课程中进行项目教学,把培养学生的技能放在首要位置。家居专业在"一生一标准,一生一课程、一生一规划"思想指导下,实现了定制专业,为每一个学生量身打造专业课程,指导每一个学生完成职业生涯规划档案。

课堂教学改革。转变教师观念,建立"以就业为导向"的培养方向。学校强化技能培训,适应企业发展,让学生提前具备"职业匠人"的人文素养和过硬技术。鼓励探索科学的教学方法,充分、恰当地运用现代化教学手段,加强学生综合素质和职业能力的培养。德育课的案例教学法、计算机的项目教学法、旅游专业的情景模拟教学法等优秀的教学法应运而生。

学业评价改革。将试卷考查、过程性评价和模块化考核有机结合在一起,避免一张卷子决定学生学习质量的单一评价方式。注重学生学习能力、创新能力、交往能力、团队合作等的培养,提高学生的综合素质。例如,德育课"3+3+4"的评价方式,就是将课前演讲、作业、课堂表现等过程性评价和期中考试的综合能力考察及期末的卷面考察结合在一起,学生可以充分发挥特长、展示自我,更加尊重了学生的学习过程和学习态度。

加强选修课。为尊重每一名学生的需要,学校构建了"必修 + 选修"的课程体系。从尊重学生个性、顺应学生天性出发,学校先后开设了摄影、排球、篮球、足球、舞蹈、书法、合唱、演讲等学生喜欢的课程。为了满足想去韩国留学的学生的需要，开设了韩语选修课；为了满足春季高考学生的需求，开设了高辅选修课。依托现有的教师资源，通过自编教材，让学生在周一和周四下午自由选班、"走读"学习，充分满足了学生的兴趣和爱好。

课前、课堂中、课下，一切教学活动都围绕着以学生为主体，为了学生的终身发展奠基，让学生实现"尽我所能，学我所需，用我所得，为我所用"。

（四）工匠精神技能打造过硬技能

职业教育与其他教育的不同点就是学生能够在就业前熟练掌握技能，这也是中职生优质就业率高的关键所在。但中职生的短板是职业素养、敬业精神欠缺。所以我们要让学生在熟练掌握实践技能的基础上，打造精益求精、一以贯之的工匠精神，培养认真、敬业、执着、创新的职业追求，让学生积极主动地向社会人或职业人转变。这就要求我们以熟练掌握专业技能，综合打造职业素养为目标，为学生的全面可持续发展提供教育支持。

（五）德育引领提升学生综合素养

学生的能力素养培养是全方位的，除了课堂之外，更多是在生活中提高。学校是一个小社会，有班集体、有社团，也有学生会组织，在这个小社会中提高自己是学校教育的重要内容之一，课堂育人、实训育人、管理育人、服务育人体现了学校全方位育人的功能。充分发挥学生自主管理作用，积极推进自我管理、自我约束、自我教育、自我发展是学校教育永恒的话题。

主题班会纠正偏差统一思想。学校每学期都要开展不同主题的班会活动，包括"尊重播撒温暖的种子""书包里的玫瑰""我的快乐我做主"等。在男生多的班级开展探讨"怎样才算真正的男子汉"活动，日的是引导学生进行自我教育，尊重自我和他人；针对班级中存在自私、欺小的现象，探讨"我们要做什么样的人"，引导学生知道如何做人、如何成才。家长、师生同开主题班会，既关注了学生的发展需要，又能够实现心与心的交流。

班集体建设凝聚力量。提高学生自主管理班集体能力。班集体是学校最基层的管理单位，承担着重要的育人功能。培养学生的自主管理意识，班级管理、班规制定等充分尊重学生的意见；尊重学生的人格和个性差异，用耐性和爱心感化学生;采取激励式的评价方式,鼓励学生出彩;多角度评价学生,善于发现学生的闪光点。

参与学校管理发挥学生自主性。让学生以各种途径参与学校管理,提高学生参政、议政能力;通过学生会自身建设、日常工作管理,提高学生干部的组织协调能力;让学生自我管理,自己做自己的主人,充分尊重了他们的自我管理的需要;校服征订、午餐食谱、宿舍文化建设等方面都由学生参与投票,充分尊重学生的意见。

多彩社团满足学生不同需要。让学生通过社团活动及各种社会活动深入社会,了解社会,增强社会的适应性和社会责任感。学校以德育建设为切入点,以形式多样的活动为主要载体,遵循活动育人的规律,本着"全员德育、全程德育、全方位德育"的原则,努力提升学生的综合职业素养。学校共有十二大社团,其中"茶艺社"获得了青岛市十大社团的称号。每到社团活动时间,学生根据自己的兴趣选择自己的社团,满足了学生的个性化需求,开发了学生的潜能。

学校推行尊重教育,取得了良好效果。校园氛围发生了很大的变化,吵闹推搡少了,鞠躬问好的声音多了;阴沉灰暗的脸色少了,爽朗灿烂的笑声多了。学校涌现出很多好人好事:2015级物业专业学生郭李冉搭起生命人梯,营救遇险夫妇一家,荣获2017年"山东省见义勇为模范"称号;2007年2月,2015级旅游专业学生薛冬梅拾金不昧,捡到8 000元现金在原地等候,最终交还失主,被《青岛早报》《半岛都市报》等媒体广泛报道。

学生技能大赛也实现了历史性突破,智能家居获得国赛一等奖,通信专业、家居专业、旅游专业、物业专业每个专业都有自己的市赛一等奖,而且数量逐年增加。学生实习的对口就业率和优质就业率越来越高,越来越多的学生收到用人单位的表扬信,毕业生出现供不应求的局面,学生的社会美誉度提高。

"用尊重的教育培养受社会尊重的学生"适应了学校、家庭、社会及企业的需求,是职业学校核心价值观教育的切入点,也是学校的德育着力点。它不仅是一句口号,更是有标准、有内涵,要在教育教学中去实践、去坚持。"尊重教育"尽管是一种教育理念,但只要我们认真去研究、认真去实践,主动构建一种新型的师生关系,以人为本,以学生的个性发展和全面、可持续发展为目标,就一定能够培养出深受社会和企业尊重的技能型人才。

# 加强校园文化建设的有效措施

李政勋

青岛城市管理职业学校始建于 1952 年,学校以社会主义核心价值观为价值标准,努力构建体现校本特色、专业特色、职教特色的校园文化:加强物质文化建设,创建环境优美的和谐校园,实现环境育人目的;以精神文化建设为核心,进一步提升校园文化品位,构筑师生精神高地;加强校企文化对接和融合,引导学生了解企业文化,感悟职业精神,培养职业素养。

## 一、组织规划建设

学校建立了校园文化建设领导小组。学校的校园文化建设有整体规划和阶段性目标,符合素质教育要求和职业教育特点。学校将校园文化建设经费纳入学校公用经费预算,每年都安排一定的专项经费。

## 二、精神文化建设

学校精神:学校着力打造"真诚致远"的精神文化,用真诚的心去面对学生、家长和社会,真诚地从事教育事业,同时教育学生用一颗真诚的心去面对一切。学校的校训是"崇德尚能 真诚致远",学校的精神是"志存高远 坚韧不拔",学校的办学宗旨是"以人为本,为学生的发展奠基",学校的办学目标是"办社会满意的职业教育,创特色鲜明的精品学校",学校的办学追求是"校企合作,提升专业市场适应度,内涵发展,提高学生就业竞争力",每年 6 月 1 日是学校纪念日。

校风教风学风建设。一是领导班子团结协作，作风民主，工作扎实，干部职工团队意识强，风清气正。教师之间、师生之间关系平等和谐；教师事业心、责任感强，工作密切配合，关系融洽；学生间团结友爱、和睦相处；学校关注弱势群体，随时关注学生状况，及时帮扶，帮扶记录能及时入档。

二是学校师德师风师能建设常抓不懈，全体教师敬业爱岗，为人师表，遵守职业道德规范，不搞有偿家教；不参与赌博和封建迷信活动，无违法违纪行为；热爱学生，尊重学生人格。每年教师节，学校都举行"感动城管人物"颁奖典礼，引领师德建设方向。

三是重视学生思想道德教育，有中长期的学校德育规划，年度有计划、有总结；设有家长委员会和家长学校，每年定期举办家长会；有健全的班主任、教师家访制度。学校被评为山东省心理健康教育先进单位、青岛市中小学中专德育工作先进集体。

四是以职业生涯规划指导为主线，构建精细化管理的德育体系。自学校承担"探索不同智能结构、不同生活背景学生生涯规划教育机制"改革实验项目以来，学校创建了导师课堂机制，导师真正成为学生的"心灵导师""职业导师"和"行为导师"。"职涯立身"被评为青岛市德育品牌。

五是学生社团丰富多彩。现有戏剧电影社等各类社团10余个，茶艺社和戏剧电影社精心设计的节目参加了第十一届文明风采大赛展演类和微电影类比赛，双双获得青岛市一等奖并代表青岛市参加全国比赛。

六是学校文艺活动丰富多彩。文化节历时近2个月，共举行礼仪展演等9个比赛项目，有近200名学生参与。在青岛市中小学艺术节上取得优异成绩，朗诵比赛获一等奖、合唱比赛和校园剧比赛均获二等奖。

宣传体系建设：设学校宣传组，分管副校长任组长，办公室副主任任副组长，成员包括各处室分管领导及专职宣传员、兼职撰稿人。围绕学校特色工作，宣传组通过校内的工作简报、校刊，校外的报纸、网媒等多种宣传手段，提高了学校的社会美誉度。

## 三、环境文化建设

### (一)人文景观建设

一是学校有专门的学校介绍册、招生宣传册、学校宣传短片;校门校牌设计整洁大方,体现学校特色的文化雕塑、大型 LED 宣传显示屏、15 块宣传栏,突出展示社会主义核心价值观等内容,学校校徽展示于学校显著位置,每间教室讲台上方展示国旗及校训。

二是学校合理安排课堂教学区、实训教学区、运动区、生活区、办公区的墙体文化,课堂教学区集中展示国学传承,礼仪规范;实训教学区集中展示企业文化、创业名人;运动区集中展示运动知识、运动安全;生活区集中展示行为规范、安全教育;办公区展示学校工作、学校名人。班级内设流动图书角,每周图书在各班流动交换,供学生阅览,班级黑板报统一主题,定期更换,班级文化内容布置上墙,营造和谐向上的学校环境。

三是学校图书室、阅览室的图书、报纸、杂志能基本满足师生需要,阅读场所具有适合师生勤奋学习的文化氛围。

四是学校设有专门的音乐教室、形体训练教室、心理咨询室,基本满足教学需要;各专用教室布置特色鲜明、氛围浓厚。

五是学校重视挖掘、保护校内自然、人文历史景观,建有荣誉陈列室,校友事迹、名师风采等内容通过校刊、毕业生风采录、校报、触屏信息查询系统展示。

### (二)净化绿化美化

一是校园绿化美化有整体规划,布局科学合理,四季常绿,环境幽雅。

二是学校学生文明有礼,课堂、课间纪律井然有序,地上无痰迹纸屑,门窗无破损,墙上无污痕,桌面无刻痕,卫生无死角。车辆停放整齐有序;教室布置整洁大方;食堂、餐厅整洁卫生,摆放规范合理;教师办公室整洁美观;学生宿舍整洁有序,充满温馨;设有禁烟标志,为无烟学校。

# "破冰"之策

张　伟

　　班主任与学生的第一次见面,是打破师生之间陌生感和壁垒的最好时机。"破冰"之旅要讲究方法和基本策略,才可有效拉近师生之间的距离,建立起互相信任的基础,并形成相互合作的良性关系。班主任应事先做好充分的准备,其中包括仔细阅读学生档案、打扫教室布置班级氛围、斟酌演讲内容,在声音和着装上做详细考虑和准备;见面过程中也要注意观察学生的动态,第一时间了解学生的性格特点;见面后要及时总结并形成文字档案。第一次见面,班主任要秉持尊重学生、体贴入微的态度,以达成最好的"破冰"效果。

## 一、见面前的必要准备

　　班主任在见到学生之前,所有的信息都来自学生档案,这就需要班主任认真阅读和查阅学生的档案信息。在研读的同时对学生进行分类,重点考虑单亲家庭、留守儿童等特殊情况的学生,做到在日后工作中有的放矢地关注和关照。曾记得,新生第一次见面会前,我发现一个小女孩,其父母因意外去世,通过档案了解到该生现由姥姥、姥爷抚养。在这样的特殊情况下,我采用重点关注和关心的工作方法,在第一次见面时对该生投以更多的关注,并在见面结束时主动询问其联络方式。后续的生活中,我与该生建立了深厚的情谊并多次去她家家访。

　　见面会之前还需对班级的卫生和会议的氛围设计进行思考。现在社会相对开放,学生对新鲜事物的关注更多,在对班级会议布置的时候应该充分考虑,在氛围上可以凸显出温馨、可爱和阳光。作为新生,他们刚接触新的校园生活,难免会有恐惧感和不安感,良好的见面会氛围可以最大限度地帮助学生建立归属感和融入感。建议在见面会上选用粉色、米白色和浅绿色等浅色系布置,在黑板设计上可以选用卡通字体和卡通人物。

班主任还需充分考虑着装问题。学生第一次和老师见面会存在一定的恐惧感和距离感,所以为了更好地与学生建立良好关系,班主任应该在着装上更着重休闲和美感。不建议穿着正装和款式、颜色相对成熟老气的服装,可穿着运动服套装和浅色系裙装。

综上所述,班主任与学生的"破冰"之旅,从没有见面的时候就已经开始,要基于班主任对学生档案的前期了解和充分准备。充分的准备和了解将在最大程度上让学生对班主任有相对较好的第一印象。

## 二、见面后的充分记录

班主任与学生见面之后,要对见面会之后的相关问题进行记录和关注。

首先,要对见面会进行反思和总结,总结实践的经验,优化日后工作的方法和方式。一方面要总结见面会的效果,以便更好地佐证见面会前准备的正确性;另一方面要总结见面会不周全的地方,其中包括讲话的方式、讲话的内容等。

其次,最重要的就是总结该班级学生具体的情况,通过有效的观察来分辨出需要重点关注的学生和存在一定问题的学生,做到心中有数,手中有方。如果发现不善于表达和相对孤僻的学生,在日后的教学中就需加强对其沟通交流的培养;有一些学生相对活跃,在日后的教学中应相应控制,避免将活跃的学生排座在相邻的位置;对一些有意愿担任课代表和班级干部的同学,应该主要关注其办事能力和素养,找寻机会进行培养。

最后,要根据见面会的体会和感受,制定班级管理的方式和办法。如果班级中活跃的学生相对较多,就应该采用稳重性质的班级培养方式,培养学生踏实稳重的性格;如果班级中沉稳的学生相对较多,就应该采用欢快式的班级培养方式,让学生在快乐阳光的环境下成长。

### 三、见面时的创新对策

#### （一）自我介绍展新意

与学生第一次见面时,班主任要通过自我介绍来充分展示自己,让学生和家长了解自己。传统的自我介绍不容易吸引家长和学生的注意力,可以借助新媒体技术和新的方法来创新自我介绍,体现出新意。首先,在见面会之前可以给家长发送主题为"给家长的一条短信"的信息,简单对自我基本情况进行介绍,其中一定要涵盖具体的教学理念,在简单介绍之后,可以让家长发送一张自己与孩子的照片,这样方便班主任更好地了解学生的基本情况和家庭情况。其次,在自我介绍上也应该采用更加幽默、欢快的话语和方式。最后,要对班级每日的基本活动做简要的介绍和规划。

#### （二）注重点名的重要性

班主任在见面会前要认真熟悉学生的姓名,有一些学生的姓名是多音字或少见字,这就需要老师充分做好相应的功课。第一次见面,学生都期待老师正确说出自己的名字,这样才能感受到被重视和关注。老师应认真地点名,并在点名过程中对学生的名字进行赞美,也可以随意询问一下学生的爱好、特长等,这样不仅完成了点名的流程,也侧面了解了学生的情况。除此之外,可以在点名的同时让学生自觉进行自我介绍,在自我介绍的过程中,班主任可以更好地了解学生的个性和具体情况。

#### （三）许一个班级的美好愿景

班主任是带领班级发展的重要力量。班主任在第一次与学生见面时,可以适当描述一下自己对班级未来发展的美好愿景。在此之前可以通过小游戏来进行互动,游戏的名字就为"给班级起个名字,并解释一下",通过学生的回答更好地了解学生对班级的印象和愿景。

班主任在这个小游戏之后,可以顺理成章地抛出自己对未来班级的愿景,并引导大家凝聚共识,共同合力发展,让学生树立努力学习、成为更好的自己的价值追求。对班级愿景的描述可以有效拉近班主任和学生之间的距离,形成一种潜在的默契,在共同目标的影响下发展,更具有凝聚力。

**（四）讲有趣的班级故事**

班主任可以在见面会上讲一些自己过往比较有趣的教学经历和人生故事，介绍更好的价值观和思想，更好地提升学生对班主任的崇拜和认可。

班主任适当讲述自身的教学经验，可以让学生更认可老师，并相信老师在丰富教学经验的基础上可以更好地带领班级创造辉煌。

**（五）带领班级进行合影**

班主任与学生第一次见面时，可以提出合影的建议，发挥合影的有效作用，迅速让班级凝聚在一起形成一个集体，还能迅速观察到每个学生的特点。见面会结束之后，可以根据班级学生人数打印出照片送给每个人，也可以放大一张合照放在班级中，这样可以让学生有归属感。

**（六）布置特殊的作业**

班主任可以在和学生第一次见面的时候，可以给学生一个信封并布置一个特殊的作业，让学生将自己的介绍和父母的介绍以及学生想对班主任说的话写下来放进信封中，根据学生的介绍和其他信息来更好地完成班级管理。

基于以上班主任"破冰"六部曲，班主任将会在第一次见面会上为学生留下深刻且美好的印象，也可以借此机会最大限度地了解学生，建立班级整体意识，更好地开展班级管理工作。

图 4-1　开学第一课

# 立德树人，润物有声

## ——以活动为载体促进班级德育工作

刘 钧

16～18 岁属于青年初期，是青少年逐渐走向成熟的过渡时期，是人生成长的关键阶段，也是身心迅速成熟且产生巨大变化的时期，具有不平衡性、动荡性、自主性、闭锁性等特点，这个时期的德育工作显得尤为重要。实践证明，在实践活动、文体活动等活动中，把德育贯穿其中，能收到事半功倍的效果。

2014 年暑假结束后，学校领导找我谈话，要我接任 2013 级房产班班主任。这个班级入学分数是全校最低，32 名同学来自山东各地，不同的地域，不同的成长经历，同学们彼此拉帮结派，毫无凝聚力可言。他们进校一年来，早操、早晚自习、就寝秩序差，上课纪律、卫生情况和出勤情况等方面均为全校倒数。班干部上上下下，没有建立班级管理体系。面对这样一个班级，我积极探索新的教育方式，使他们有所改变。

思前想后，我决定为学生量身打造符合其特点的教育方式，以活动为载体，增强集体凝聚力，增强集体责任感，明确努力方向，把他们培养成才。其中关键一点就是以活动为载体，促进班级全面发展。通过一系列的举措，2013 级房产班逐渐成为理想信念坚定、班风正、凝聚力强、学习成绩优秀的班集体。

### 一、以主题班会为载体，开展信念理想教育

根据学生的特点，我有针对性地制订了主题班会计划。"从身边做起，就能改变世界""好习惯让我们终生受用""集体荣誉，我的责任""拒绝校园欺凌，

争做文明学子""缅怀革命先烈,继承先辈遗志""浓情五月,感恩母爱""生命在于运动,运动点亮青春""我们青年节""技能筑梦想,青春勇担当""向国旗敬礼,为中华之崛起而读书""勤能补拙是良训,一分辛苦一分才""做谦谦之君子,尊师孝亲善待人""遵法守规从我做起"等形式多样、内容丰富、有深刻教育意义的班会,引起了同学们的触动和共鸣,让他们敢于发言,勇于展现自己的勇气和语言表达能力,让他们逐渐恢复青年学子的朝气和阳光。主题班会活动的顺利实施,培养了学生的理想信念、纪律意识、集体意识和正确的人生观和价值观,打开了班级工作的新局面。

积极开展"历史上的今天"活动,每周一早自习,由一位同学通过视频和PPT分享党取得的丰功伟绩。由最初的形式单一,到内容逐渐丰富,同学们在查阅资料、相互分享的过程中,厚植爱国情感,坚定理想信念。

### 二、以重大节日为载体,开展主题教育活动

要想让班集体充满生机活力,最重要的是组织学生开展各项有益的活动,让他们通过自身的表现来展示能力和才华,获得认可与成功。引导他们向健康的方向发展,是班级工作的重点。

精心设计活动内容,开展文化艺术活动、体育活动、新年联欢会、志愿者进社区活动、宿舍展示活动等众多班级活动,持续发挥活动的育人作用,进一步强化班级学生知识、能力、素质综合发展。

以清明节、青年节、端午节、中秋节、国庆节等节日为契机,广泛开展一系列主题鲜明、吸引力强的主题教育活动,如"雷锋日"社区志愿服活动、清明节烈士陵园祭扫活动、"端午话爱国"班级演讲比赛、中秋节写给保卫祖国"最可爱的人"的一封信,并在学校微信、官网等平台上发布,引导同学们弘扬中华传统美德、抒发报国之志,激发青年学生的爱国热情和成才报国的使命感,帮助同学们成为有德行、有担当、有才能的优秀青年。

### 三、以班级生活为背景,开展生活主题活动

每个学生都希望得到班级和同学们的关爱,尤其是中职学生。他们远离家

乡，缺少了家庭教育这一个重要的方面，又处在青少年时期。这个时期是他们的心理、生理等方面还不太成熟，容易出问题的特殊时期，也是他们的世界观、人生观和价值观形成的关键时期。

针对这种情况，我带领班干部们在班级中开展集体生日活动：即当月过生日的同学们，在本月第一个周周五中午，全班集体给他们庆祝。我和学校食堂沟通，利用午休和放学时间，全班师生自行制作生日蛋糕、生日面，为他们颁发生日小纪念章，让同学们感受到大家庭的温暖，感受到老师对他们的希望和信任，从而激励爱班荣班，彼此相亲相爱，增强了班级凝聚力。

母亲节前夕安排所有同学拍摄"妈妈我爱你"情景剧，父亲节前夕组织大家排练歌曲《父亲》，并剪辑自己和父亲生活的点点滴滴制作成MV。以上两个活动在家长和同学中引起强烈反响，既消除了学生思乡念亲的孤独感，又对学生进行了感恩教育，收到较好的教育教学效果。

时代在进步，我们班主任工作创新的脚步也在紧追不舍。我们要把自己的人生追求同国家民族的前途命运紧密结合起来，让每个学生将个人成才与祖国的发展有机统一起来，从一言一行做起，勇敢肩负起时代赋予中职生的重任。班主任要坚持思想引领，紧扣时代主题，倾听同学心声，提升工作能力，把班集体建设成为适应时代要求、展现良好形象、勇于承担社会责任的班集体，以立德树人为教育根本目的，润物有声，把学生培养成德、智、体、美、劳全面发展的中职生。

# 一次不点名的批评

宫　婕

一天，又和往常一样是班主任每周例会的时间，我正在做笔记，突然手机屏幕亮了一下，一看，是小嘉发来的微信："老师，有人抄答案。"接着是一张照片，两个手机凑在一起，中间是写满答案的本子。

我的心顿时沉了一下，随后一股怒火涌了上来，这些家伙，太不像话了，我花了一下午的时间给他们准备模拟考试，就是想检测一下他们复习得怎么样，他们居然趁我开会抄答案来糊弄我！我勉强压住怒气，继续开会，可脑子里一直在想两个家伙到底是谁，我一定要查出来。

等开完会，我仔细看照片，可是只拍了手机和手，确实看不出来是谁，问小嘉的话，他虽然最后也会告诉我是谁，但肯定会很为难，怕同学们说他告密。那就直接看看成绩吧，有问题的肯定就是抄答案的。我打开后台的成绩统计，发现并不只有这两个，有七八个学生在我开会之后重新提交了试卷，而且成绩都比第一次高了好多，有的甚至得了 100 分。我真想把他们挨个抓过来问一通，可是今天是周末回家的日子，他们已经走了。打电话找他们？他们会不会不承认？我觉得这个事情还是应该面对面跟他们说，那就等一等吧。

于是我又仔细查看了成绩统计，发现除了这些后来重新提交的高分之外，还有一个成绩有问题的就是小涵，他居然把别人的成绩当作自己的发到了群里，他发的成绩是 79 分，实际上后台统计他只考了 50 分。这点让我很惊讶，我惊讶的第一个原因是他居然只考了 50 分，要知道他是学习小组组长，一直负责检查大家的题目，他怎么能只考 50 分？让我惊讶的第二个原因是，小涵是我一直很信任的班干部，他怎么也用假成绩来骗我呢？我决定先跟他聊聊。

我开始给小涵发微信:"小涵,到家了没有?"

"没有,老师,还在路上呢。"小涵回答。

"哦,你是不是觉得自己考得不大好啊,用了小赫的截图。"我接着问他。

"是的。"小涵回了这两个字之后加了一个耷拉着脑袋的表情。

"但是我还是自觉留了 20 分钟。"小涵接着说。

随后又是三个垂头丧气的表情。

我想起来之前跟他们说的如果不及格的话要自己留校 20 分钟,看来他自己知道考得不好,用别人的成绩也不对,自觉接受了惩罚。

"嗯,可能就是背得快忘得也快。"我安慰他。

"激动了,一激动给忘了。"他继续说。

"嗯嗯,第一次用手机答题,不适应是吧?"我继续说。这确实是他们第一次用手机做测试,以前都是他们自己互相提问的。

"嗯,有点,不过,老师,我还是因为自己复习得不好才考得不好,我一定会好好复习的,老师,您放心。"小涵说完这些话之后发了一个脸红的表情。

"嗯嗯,好的,加油。"我也给他回了一个握拳努力的表情。

"谢谢老师"。小涵又回了一个欢快的笑脸。

"嗯嗯,我也要回家了。"不知不觉,下班的时间到了。

"好的,老师再见,小心开车。"小涵说。

"好的,再见。"我结束了和小涵的对话。发现最初的那股怒气不知道什么时候就平息了,是从看到小涵发的那个耷拉着脑袋的表情开始,还是知道他自觉地留了 20 分钟呢?

我有些庆幸没有直接打电话追问那几个靠抄答案得了高分的学生,因为按照当时的情形,我肯定会对他们劈头盖脸的一通训斥,他们肯定也会在我的训斥下道歉认错,但是这样真的是最好的办法吗?我不由陷入了沉思。

到家之后,我再一次从后台把成绩全都导了出来,只保留了每个人最初的成绩,把那些重复提交的高分去掉了,然后我把成绩发在了班级群里,后边又注明了这样一段话:各位同学,刚才查看后台成绩统计的时候发现个别同学多次提交,均以第一次成绩为准,另超时提交均算无效。群里很安静,没有人说话,但是我知道他们其实都看到了我发的消息。

到了周一,升完国旗,回到班里,我对大家说:"来,咱们开个简短的班会。"我问大家:"你们还记得二十四个字的核心价值观么?"

"当然记得!"同学们异口同声地喊道。

"好,那大家背一遍我听听吧。"所有的人都大声背诵起来:"富强、民主、文明、和谐……"

在大家都背完之后,我转过身在黑板上写下了两个大字"诚信",已经有人随着我一边写一边念了出来。

对,我转向大家说:"今天,我就要给大家讲讲这两个字——诚信。"

"大家还记得周五的考试吧?我发现有些同学一开始的时候成绩不好,但是又提交了一遍,成绩就变高了。这是为什么,相信你们自己都很清楚。"我一字一顿地说出这句话,这时,教室里异常安静,所有同学屏住了呼吸,只听到我说话的声音。

"是呀,每个人都想要个好成绩,老师也是一样,但是如果你们单纯为了拿到一个好的成绩而去抄答案的话,那么你们恰恰丢掉了最宝贵的东西,那就是诚信。"我一边说,一边环顾着教室,我发现有几个同学默默低下了头。"如果你们想要在考试中取得好成绩,那就应该认真复习,把知识掌握到最好、最扎实,而不是靠着耍小聪明。"

"老师不仅仅是教知识,最重要的是教你们做人。诚信是一个人最难得的品质,是为人之本,老师希望你们成为诚实守信的人,成为有责任、有担当的人。"随着我说出这几句话,我能看到有的学生眼神变得坚定起来,我又特意看向小涵,他感受到我跟他的交流,咬紧嘴唇,微微点了点头,我能看到他眼睛里闪烁的光芒。

虽然这次我没有点任何一个人的名字来批评他们,但是我相信,这次不点名的批评比暴风骤雨似的责问更能起到效果,也更能走进学生的内心。有时候教育中说教的成分占得太多了,我们应该多留给学生一些思考的空间,多给学生自己反思的机会。《学记》中说:"学然后知不足,教然后知困。知不足,然后能自反也;知困,然后能自强也。"教师的作用在于引导,在于给予机会和方法。我们只需要引导学生进入自我反省状态,他们自然而然就会修正自己的行为,这不就是我们想要的教育结果吗?

# 做个会念经的新时代"唐僧"

李玉磊

　　校内吸烟是令很多中职班主任非常头疼的问题,中职学生吸烟的比例在所有学段中是最高的,某些班级的吸烟率甚至能达到 60%。不仅男生吸烟,女生吸烟的也不少。吸烟问题极大地影响了校园安全和同学们的身体健康。有的学生在学校吸烟,带着烟味进教室,与教室教书育人的环境格格不入;有的学生身着校服在学校周围吸烟,与中学生的身份极不匹配,极大地影响了职业学校的声誉。

　　很多学生在初中,甚至小学就养成了吸烟的习惯,虽然很难改掉,但必须在第一时间进行约束,越早介入越容易取得良好的效果,同时也能避免更多的学生加入吸烟大军。在开学第一个月中,通过制定制度、主题教育、个别教育、奖罚措施等帮助学生约束吸烟行为,往往能起到事半功倍的效果。

　　矫正中职生吸烟是一项周期较长的工作,不可能通过一次谈话、一次主题班会就能收到长期良好的效果。我们班主任需要跟唐僧念经一样,必要时念念紧箍咒,平常也要不时说一说,念叨念叨,要从多个层面讲清楚中学生吸烟的性质是什么,对自己和他人有什么影响,哪些行为是绝对不能做的,在最大程度上矫治中职生吸烟问题。

## 一、对不同的学生念不同的经

　　导致中职学生吸烟的因素很多,首先是家庭的影响,某些父母的认知水平有限,对孩子的要求不高,因为工作等原因对学生疏于管教;其次是朋友间的影响,有的学生把吸烟作为朋友间交流的纽带,身边有朋友吸烟的学生很容易被诱惑;然后是年龄的因素,中职生大多数年龄处于 16～18 岁,模仿能力强,容易产生从众心理;再次,部分学生受到某些影视作品的影响,认为吸烟是一件很酷的事情。另外,电子烟的出现和一些虚假宣传和误导,让某些学生错误地认为电子烟不是烟,没有危害,使吸烟这件事情更具有迷惑性和欺骗性。

了解了学生吸烟的原因,才能对症下药,要进行多方面的观察、了解和沟通,分析学生出现这种情况的原因是什么。有的只是因为好奇偶尔尝试,刚刚接触,有的有了很长时间的吸烟史,已经有了烟瘾;要了解学生与身边朋友交往的情形;是在学校受到的影响,还是有家庭或其他生活背景的影响等。从孩子的心理发展和生活背景等角度来对吸烟行为加以了解,要采取不同的方式,念念不同的经,必要时念念紧箍咒,进行惩治也是非常必要的。

对于家庭成员有抽烟现象的,应加强家校沟通,共管共育。中职学校要在预防学生的吸烟问题上取得效果,只靠校方的教育管理是不具有持续性和实效性的,班主任应该充分发挥家长的权威教育,齐抓共管,对学生的健康成长负责,比如告诉家长不可以当着孩子的面吸烟,控制孩子的零花钱。

对于不吸烟的同学,要让学生学会维护自己的权益,不做二手烟的受害者。要给学生灌输这样的思想:"你可以伤害你的身体,但是不可以伤害我的身体。"要积极鼓励其坚决不吸二手烟,面对带有烟味进教室或在宿舍抽烟的同学,要表现出不满甚至厌恶,要坚决制止。

因为好奇刚刚开始吸烟的学生属于边缘吸烟者,是重点监控和转化的对象,要将吸烟问题扼杀于摇篮,要严盯死守,要让他们知道,只要在学校吸烟一定会被抓,一定没有好结果。抄规范,罚值日,给处分,这些手段视情况而用。必要时要告知家长,共同处理。

对于有烟瘾短时间难以戒除的学生,要隔离处理。要引导其在学校上学期间坚决不向其他同学散烟,不诱导他人吸烟,不在课间吸烟。可以抓住某些契机,比如祖父母病逝、抽烟受到处分、有突出表现时,通过谈话等方式鼓励学生戒烟。

### 二、念一念制度经

很多学生对吸烟问题存在误区,认为吸烟只是个人喜好或习惯问题,是个人权利和自由,不存在违法或犯罪,不需要强加约束。这就需要通过主题班会或微班会等形式,让学生了解相关的法律规定,从法律和规范的角度了解吸烟的性质。以下是应该让学生知道的法律和规范条文。

《中华人民共和国未成年人保护法》第十条:"……预防和制止未成年人吸烟、酗酒、流浪以及聚赌、吸毒、卖淫。"

《中华人民共和国预防未成年人犯罪法》第十五条:"未成年人的父母或者其他监护人和学校应当教育未成年人不得吸烟、酗酒。任何经营场所不得向未成年人出售烟酒。"

《中学生日常行为规范》第五章第三十七条:"珍爱生命,不吸烟,不喝酒,不滥用药物,拒绝毒品。"

《未成年人保护法》规定,对于向未成年人出售烟酒,或者没有在显著位置设置不向未成年人出售烟酒标志的,由主管部门责令改正,依法给予行政处罚。

2014 年 1 月 29 日,教育部发布关于在全国各级各类学校禁烟有关事项的通知(禁烟令)要求:凡进入中小学、中职学校、幼儿园,任何人、任何地点、任何时间一律不准吸烟,广泛开展"无烟校园"创建活动,建立督导检查机制。

这些规范不仅要通过班会课让学生了解,还可以打印出来,在开学第一个月张贴到班级宣传栏。班主任念经的方式有很多种,说教只是一个方面,张贴规范让大家自己看也是一种方式。对于那些因吸烟而被抓的同学,也可以罚他们抄写"经文"(法律条文制度),比写个检讨更能起到教育作用。

除了法律法规,还要执行好学校的禁烟制度,结合班级实际,制定适合班级情况的禁烟班规,使无烟教室成为班级文化的一部分,大家一起监督共管,实现文化育人的目的。比如我班班规中有明确规定:严禁在校内吸烟;携带烟盒、打火机、烟具等视同为吸烟行为;身上有烟味不准进入教室;因吸烟问题被抓,每次扣量化成绩 10 分,不得参与本学期三好学生和优干优团评比;累计两次因吸烟问题被抓,约谈家长;因吸烟问题约谈后再次违反者,将被移送至学校作停课反省处理。

　　一项全国未成年犯调查表明,有95.7%的城市闲散未成年犯吸烟,而城市普通未成年人吸烟的只有5.2%,两个群体形成明显差异。有的孩子与社会上有劣迹的人交往,就是从一支烟开始的;有的孩子为了筹钱买烟而引发了偷窃、抢劫行为。所以,要让学生明确吸烟这种不良行为很容易诱发他们走上违法犯罪的道路。

### 三、念一念健康经

　　吸烟对人的健康是有损害的,但具体有哪些影响,很多学生却说不上来,我们不妨通过吸烟宣传片、图片等给学生念念健康经,用事实和数字说话。这些图片和信息一定要学生动手去收集,在收集的过程中加深了解。

　　对于第一次吸烟被抓的学生,我一般不会让写检查,就罚他写1 000字的吸烟危害。我曾经抓过学生小翔,写完了他跟我说:"老师,太吓人了,不写不知道,一写吓一跳,吸烟就是慢性自杀啊,趁着烟瘾还轻,还是戒了好,我还想多活两年……"

　　能让学生在自我教育中学习和改正是最好的。自我教育就是将教育者的目标变为学生自己努力的目标。苏霍姆林斯基说过:"只有激发孩子进行自我教育的教育,才是真正的教育。"比老师单纯的说教效果好很多。这是一个吸烟率50%左右的班级,看到小翔有所触动,我趁热打铁。

　　"一周的劳动改造和五分钟的吸烟危害讲解,你选哪一个?"

　　"写都写了,我选吸烟危害,这个容易点。"他是一个活泼开朗的男孩子,爽快地进行了选择。

　　"那好,为了方便同学们识记,每个危害要配一幅图。"

　　"也不难,就这么说定了。"就这样,他在自我教育的同时,又实现了对他人的教育。

　　在第二天的吸烟危害讲解中,又有同学说:"你找的这个图不吓人,我看到过更吓人的。""那好呀,让我们看看你找到的图片,"我顺水推舟,"今天晚上大家都回去找一找禁烟的宣传图或吸烟带来危害的图片,发到微信群,咱们评选最具有教育意义的四幅图打印出来。小翔同学也整理好贴在宣传栏,构成我们这期的宣传栏的内容。"

接下来，我们又一起观看了我提前找好的视频《当你开始吸烟后，生活会变成什么样？》，加深了大家对于吸烟危害的认知。随后，我给每人发了一张纸，让他们写一句班级禁烟标语。吸烟危害的图片、文字、宣传标语三个内容完成，这期宣传栏内容也搞定了。

当然，吸烟问题不是一次两次就能解决的，是场持久战、拉锯战、游击战、攻心战，不要贪快，不可贪心，要利用微班会的"微"，一次解决一个小问题，让学生心服口服，不可停在表面。讲危害要在保证真实性的情况下，让学生感到害怕和畏惧。

有人说《西游记》中的孙悟空是唐僧的心魔，西天取经的过程就是战胜心魔的过程。孙悟空第一次弃唐僧而去，行到龙宫时东海龙王对他说了这么一句话："大圣，你若不保唐僧，不尽勤劳，不受教诲，到底是个妖仙，休想得成正果。"对于吸烟的学生我们也可以这样劝解："你若是不戒烟，不受教诲，不下决心，到底是个烟民，难以顺利毕业。"战胜心魔是成长的必由之路。新时代的"唐僧"既要念心经，也得会念紧箍咒，更要懂法、有手段、有方法，这才是新时代的老师与学生过招的必备大法。

图 4-2　班级中第一个满十八周岁学生的成人礼

# 我这样写评语

李玉磊

教育是人跟人的细致入微的心灵接触,学期末的评语也是班主任和学生心灵沟通的一次好机会。客观、公正、真诚、鼓励性的评语,对辛苦了一个学期的孩子们来说非常重要。评语就像一双眼睛,折射出班主任的关怀、希望和期盼,以下是我写评语时会注意的几个小细节。

## 一、从称呼开始,用温馨对话

传统评语中,"该生""该同学"的用法,太过生冷,用第二人称"你"不失为一个好的选择,或是用昵称,如"小鑫""晓晓""帆宝贝",让学生感觉温馨,让点评像一封简短的书信,而不是单纯的说教。你与他的某个小故事、一个场景等,都可以成为评语导入的最佳素材。

给晓龙的评语,我这样写道:

品学兼优、活泼开朗的你,有着不凡的语言天分,艺术节舞台上,你挺拔自信的身影,自信而幽默的话语,得到了大家的一致认可。铿锵有力的声音,至今回荡在我的耳旁,让我久久不能忘怀。你有着很好的创作天赋,崇尚文学,散文、小说、诗歌样样都有兴趣。同时,你也要"博"读更多的有益于"专"的书,做到"博而专",专业才是我们的立足之本。在有限的人生中,要做到"有所为有所不为",认识自己、接纳自己、提高自己,成为更优秀的自己。

给洪元的评语,我这样写道:

健硕的身材,真诚的笑容,让你获得了良好的人脉。老师欣赏你的能歌善舞、多才多艺。艺术节上,你是最闪耀的那颗星星。老师喜欢看你戴着耳麦,安静画画的样子。同时,一个有魅力的人,首先应该是学识和素养上的。你在学习上一定要加强,不会的要多向老师、同学请教。希望你用踏实和认真将知识的火花燃起,让舞台下的你和舞台上的你一样可以光芒万丈。

### 二、以鼓励为主,要一分为二

学生最想看到的是老师的肯定和表扬,特别是中职处于青春期的孩子,自尊心尤其强,这些孩子在小学和初中接受了太多的批评和冷淡,鼓励式的评语更容易收到意想不到的效果。写评语的时候不妨把握"三一原则":提出三条优点,表达一点希望。比如,我在小智同学的评语中有这样几句话:"雷利风行不拖沓,敢作敢为有担当,班级事务样样先,戒躁戒急稳进步。"

写评语当然不能只写学生喜欢听的,要提出不足,或是解决的途径。在提出不足的时候,切记不用"但是"这个词,一旦出现,就像是前面都被否定了一样,我们不妨试试用"同时"这个词来代替。例如,我给小潘的评语是这样写的:

阳光四射,幽默风趣,你有着自己的个性与坚持,想法不俗,创意十足,孩子般的外表,却是成熟的内心,你用自己的努力坚持着自己的梦想。你有着很好的思维能力,尤其是在数学与 CAD 方面。但是,你的英语成绩不太理想,因为心中有畏惧。成长的旅途注定充满艰难与坎坷,但那又怎样,希望你克服畏难情绪,拿出勇气和坚持,让刻苦的种子在心底发芽,成就不甘平凡的自己。

评语的结尾一定要提出希望,同样也要用鼓励式话语,学生可以感受到你对他的用心和在意。

### 三、综合评价,体现个性

中职更加注重学生的全面发展和综合素养,学习成绩早已不是评价学生的唯一标准,可以从多个维度进行评价,比如学习态度、习惯、品质、参加活动、人际交往、特长。不能说套话空话,千人一面,千篇一律,这样的评语评了等于没评。要抓住学生的个性,反映出学生在这一学期中的成长。

例如,在给小雪同学的评语中,我这样写道:

李贺有诗云:"十年磨一剑。"如今你的剑已初露锋芒,专业课程从零基础不自信到喜欢并找到乐趣,记录着你的上进和努力。班级事务勇挑重担,凡事精益求精,这股精神气可赞可歌,"天行健,君子以自强不息。"磨剑还需持久心,文化课中继续努力哦,特别是数学,跟它死磕,不准输! 战胜自己!

要做到对学生综合评价,必须全方位了解学生,每一次活动是如何投入的,文化课和专业课的学习情况如何,这学期每门功课的成绩,班主任都要做到了如指掌,这就要求班主任深入到活动中去,课堂中去,多跟学生聊天,掌握第一手的资料,这样才能写出有针对性的评语,如下面两个评语。

小航:

同学们喜欢你开朗幽默的性格,老师喜欢你升旗仪式上矫健的步伐。看似活泼开朗、阳光帅气的你,自信、敏感又细腻。拿得起也得放得下,明白吗? 你很有艺术天赋,这学期的色彩课程你找到了擅长的领域。同时,不付出努力都是徒劳,"想到"和"得到"之间还有一个"做到"。我相信,成功的花朵在汗水的浇灌中会更加鲜艳,期待你的绽放!

琦琪:

你是一个大家公认的小天才,阳光、开朗,每天都能听到你爽朗的笑声。本学期也发现了你身上所潜藏的能力,"设计"这两个字就是为你量身定做,给你一支画笔,你能绘出整个未来! 本学期你在画风上也变得细腻了很多,在新开的色彩课上,你对颜色独特运用,得到了专业老师的表扬,同时优点的背后也存在小小的瑕疵,在CAD学习上要加把劲。乘风破浪会有时,相信你的明天会更好!

### 四、搭建平台,多维评价

评语并不是老师的一家之言,学生自己写评语是反思和进步的过程,老师也可以发现其对学校、老师、专业的态度。每学期期末,我都会让学生自己写一写这学期的成长与不足,看看他们的自我评价和小结吧。

还记得刚来到城市管理职业学校的时候,我对未来的学校生活充满了陌生,也充满了憧憬。刚开始的军训生活让我难忘,我与同学们和老师相互认识和了解,彼此之间有了默契,让我们这个大集体变得更加团结。这学期的我十分忙碌,我从来没有这么忙碌充实过,因为积极向上所以忙碌,因为担任了很多工作所以忙碌,忙碌得很开心,忙碌得很充实。新的一年我要更上一层楼,学习更多的技能和业余爱好,写歌弹吉他,让学习更上一个台阶,在性格上要变得更成熟,不再像个小孩,要做更好的自己。

高一家居 2 班　赵智远

2019 年是分界点,是遇到新伙伴的一年。这一年,我离开家人、朋友,来到青岛上学。起初,我害怕在这个离家较远的地方和同学相处不好,和舍友相处不好等,但是这些都没发生,每个同学都很好相处,我很快就融入了这个大家庭。

说完了同学们,说说这一学期的学习成果吧。本来这个专业是父母让报的,我也没有多上心,来到这里才知道这是一个家居设计专业,未来可以做设计师、销售等。一开始知道要学习素描、速写的时候我特别担心,因为自己从来没有学过绘画,担心学不会,画不好。后来发现其实并没有自己想象得那么难,我在第一次月考中获得了级部第七的好名次,回到家爸爸妈妈和我说不要骄傲,继续努力,下次冲刺前三。然后我抱着激动的心情继续努力学习,很快到了期中,加上文化课的成绩,我冲到了班级第一!太开心了。在我看来,我的素描还需要进一步提高,下学期我要继续冲刺,争取拿到级部第一!!!

小房!!!!冲冲冲!!!!!2020 年不留遗憾!!!

高一家居 2 班　房晓

通过学生写的学期小结,我们可以看到他们内心的成长与变化,他们与同学们相处得好不好、对专业的态度怎么样、哪些活动给他们留下了深刻印象、有没有遇到困难和挫折等班主任记忆中有遗漏的,甚至没有观察到的,都可以通过这个小结来完善。

总之,写评语要用感情,要有点艺术性,委婉一点,效果就会好一点。不同学科的老师,可以尝试用不同的方式。总之,用点心,用心观察,用心写作,学生会看得到你的用心。

# 班级圆桌会议的探索

李政勋

圆桌会议顾名思义，是指围绕圆桌举行的会议，圆桌并没有主席位置，亦没有随从位置，人人平等。此概念源自英国传说里的亚瑟王与其圆桌骑士。圆桌会议因其平等对话的协商方式，成了国际和外交会议的一种主要形式，在公司内部和学习培训等中都有广泛的应用。

班级圆桌会议，是将班主任和任课老师以及相关负责人聚集起来，就班级问题进行商讨而进行的会议。会议布局一般分为圆桌和方桌，圆桌更加具有亲和力，方桌则更有主次之分。班级圆桌会议中没有阶层，没有权威，不受束缚，是学校德育工作的一个有益尝试。

圆桌会议最基本的原则就是民主平等、充分交流、经验共享、科学决策。

（一）准备工作

会议召开要选择一个不会被打扰、相对安静的环境，是不是圆桌会议，不完全取决于会议桌的形状，而是取决于会议组织形式的内涵，所以方形的桌子有时也是可以的。在圆桌会议中，不用拘泥太多的礼节，座位的安排没有严格的划分，关键点是大家围坐在一起。为了达到良好的愉悦的会场气氛，可以适当准备水果、点心和茶水。会议时间可长可短，一般以一个小时为宜。

班主任是圆桌会议相对意义上的主持人，需要认真准备，心中要明确通过圆桌会议重点了解哪些学生的情况，解决哪几个问题，要负责把握会议的进程和讨论时间等。

（二）会议的内容和程序

不同层次、不同班级的圆桌会议，因其实际情况不同，会议的内容和侧重点也会有所不同，组织程序和形式也不能一概而论。有的可以侧重沟通交流，有的可侧重问题解决，也可以侧重经验分享等。一般的流程包括班主任介绍班级情况（特色工作交流）、任课老师交流学生情况、焦点问题探讨、形成统一决策等，可根据情况适当调整。

（三）班级圆桌的意义

充分了解班级和学生。了解不同老师和领导对班级和学生的评价是怎样的，比如班级整体面貌，班级中整体的学习状态和班风，班级在校内外活动的表现情况；班级的学生情况，学生在各课中的表现，课堂上课和作业完成情况。此外，通过圆桌会议也可以了解专业发展和布局。

在笔者班级举行的圆桌会议中，曾有过这样的现象。当专业课老师提起某位同学时，对其大加赞扬，说他上课积极，作业认真，非常有潜力。而当文化课老师提起时，则说其上课睡觉，对课程毫无兴趣，作业完成困难。有的同学在课堂上表现得尽善尽美，但是体育课上能不动就不动，不参加任何体育活动。这也从另外一个方面看出，圆桌会议从不同的角度、不同的方面展现了学生的综合表现，甚至发现学生不为班主任所知的一面。

协商解决问题。了解只是第一步，解决问题才是关键所在，大家群策群力，在充分了解班级情况的基础上，提出解决方案，帮助班级进步是最主要的。找问题永远比解决问题简单，任课老师和相关人员要提出自己的有建设性的建议和方法。比如在家居班的绘画工具的收纳问题上，班主任提出无法做到桌面整洁，工具无处收纳的问题，学管处的领导提出可以在家居班多摆放一个橱子，其他老师也给出了购买收纳箱，将画板统一收纳到门后，水彩盒要统一放到一处，不能放在自己桌位底下等建议。集体的智慧和力量是无穷的，关于收纳的问题，在听取这些老师意见后，班级的整洁度有了明显的提升。

推广经验方法。班级圆桌会议并不是针对所谓的差班进行的。圆桌会议还有一个重要的任务，就是将好的班级的优秀做法和经验进行分享。任课老师和班主任要将班级中好的做法进行分享，特别是班级活动的组织和班级亮点工作,对于年轻班主任都有借鉴意义。比如在笔者班级的圆桌会议中,就对"班级微信编辑部"、评优评先办法和班委换届的一些做法进行了介绍,受到了与会老师的一致好评。

开展圆桌会议时要注意:会中做好信息记录,会后要有效落实。会议只是改变的开始。圆桌会议拉近了班主任、任课老师及相关部门负责人的距离,加强了彼此间的交流,有助于全方位正确认识学生和班级,有助于班级问题有效解决,有助于班级优秀做法的交流和推广。

# 班级圆桌会议的实施

## ——2019级环艺2班圆桌会议实施纪实

李玉磊

空气中弥漫着茶香和果香，窗外淅淅沥沥地下着小雨。学校小会议室迎来了一次特殊的会议。为了使班级更好地发展，学生更好地成长，在学管处精心策划组织下，2019级环艺二班圆桌会议顺利召开。

会议本着开放、平等的原则，由三方代表共同参与，副校长任敦厚、学管处潘超和周松主任、教务处孙慧主任、班级所有任课老师以及学生代表出席。名师工作室主持人兼班主任李玉磊老师主持了本次会议。

此次会议主要分为三个部分：班级情况介绍，任课老师交流，焦点问题探讨。

首先班主任向各位领导和任课老师汇报了班级的情况，包括班级总体精神面貌、新学期的一些变化、参加活动情况以及班级中存在的问题。重点介绍了评优评先试行办法、班委换届和"班级微信编辑部"的成立。学生代表兼微信编辑部成员赵智远同学，向各位老师说明了"艺向如荷"编辑部名字的由来和工作开展的情况。

接下来，任课老师就开学后的课堂听讲、作业上交等方面详细交流了学生的表现，任课老师认为开学后学生整体稳定，过渡顺畅，有较好的学习态度和较强的求知欲，课堂和作业保持了较高的水准，班委认真负责，专业技能有一定提高。学生在制图课对画图的理解能力越来越强，素描课上课效率逐渐提高，平构课很多学生都有明显进步。老师特别表扬了表现稳定和进步较大的学生，同时也提出了一些问题，如数学基础较差，计算能力有待提高；班级整体绘画天赋较高,但个别学生学习的持久度不够;非正式团体体育课聚堆较为明显,需要进一步引导;一些同学的计算机上机操作水平亟待提高。

会议第三部分,老师就班级的某一特殊学生的情况以及家居班绘画工具收纳问题两个焦点问题交流了意见。各科老师从不同的角度给予了有建设性的意见。

最后,任校长做了总结发言,肯定了本次圆桌会取得的良好效果,希望老师们继续发扬"学生第一"的理念,注重学生的个性发展,注重教育的艺术性,给学生们一个舞台,更加自信地融入社会中去。

本次圆桌会议加强了班主任和任课老师之间的交流,加深了班主任、学管处和教务处对班级情况的了解,有利于班级更加健康地发展,是班级管理工作的一次有益尝试。

# 生涯规划让学生上演"变身记"

李玉磊

当年第一次见小 Y 的场景，我依旧印象深刻。在炎热的、没有一丝风的夏天里，他戴着黑色帽子、黑色防晒袖，穿着黑色 T 恤、黑色裤子，一个大耳机罩在脑袋上，非常嘻哈的打扮。见了我这个班主任，他下巴一扬，眉毛一抬，算是打了个招呼。

又是一个不太好对付的学生，果然，进入学校之后，小 Y 开始了"混日子"，进职校、选专业对他来说本来就是随意之举，上哪个学校，学哪个专业根本无所谓。有点出乎意料的是，他除了吸烟、不学习，在学校倒是不怎么惹事。好奇心使我忍不住询问："为何上了职高如此安分？"答："玩腻了。"问："腹肌是如何练成的？"答："打架打的。""不能天天打吧？"答："基本上天天。"他每天上课睡觉成了常态，慢慢成了同学眼中的"学渣""睡神"。由于爱好音乐，他把大把时间都花在了唱歌和跳爵士舞上，偶尔班级出个小节目，他也会一展舞技和歌喉。

其实小 Y 是一部分职校学生的典型代表——自由懒散，缺乏责任观念，不喜欢学习，把很多精力用在玩手机、睡觉、早恋、玩游戏上。这部分学生对自己缺乏正确合理的认识，对专业认知度不足，缺乏理想信念，对未来非常迷茫，认为初中学业一塌糊涂，基础太差，上了职高也学不会。引导这部分学生重拾信念，也是学校生涯规划指导课的重要部分。

生涯规划已经成为很多学校必不可少的一课，但很多职校学生依然认为生涯规划可有可无。学校曾对学生做了一些调查，得到了一些数据：学生的生涯规划意识比较淡薄，对自己有明确规划的学生只占 3％～5％，35％的学生认为计划不如变化快,生涯规划是一种可有可无的事情;学生在专业选择上表现出盲目性,很多学生因为成绩所限或家长干预不得不选择所学专业,能够按照自己的兴趣和实际情况自行学生只占60%;另外,许多学生的职业定位模糊不清,缺少职业体验和感悟,78%的学生"对行业对从业人员的要求不了解",80%左右的学生"对自己与职业需要之间存在的差距认识不清",但有88%的学生认为需要"学校对就业形势和岗位需求进行指导"。种种数据表明,引导学生进行生涯规划,是一项必要且急迫的工作。

引导学生进行生涯规划,并不是开一门生涯规划指导课就能实现的,也不是凭借班主任三言两语就能完成的,需要一个完整的系统来支撑。导师制是我们学校采取的一项生涯规划制度。导师队伍由企业专家、学校领导和一线教师组成,每位导师负责指导10～12名学生,按照导师课堂校本教材内容,进行小范围指导。实现"一生一档案,一生一规划",为每一个孩子建立生涯规划档案,为每一个孩子提供不同的有针对性的指导。导师课堂打破了平日的班级授课模式:师生平等地围坐在一起,导师真正关注到每一个孩子,让每个人都有更多的发言展示机会,学生的自尊得到保护,潜能得到挖掘。

刻意而为之,我成了小Y的生涯规划导师。

生涯指导中,"我眼中的我""心理量表测评"让他第一次认真审视自己;"他人眼中的我"让他看到了自己意识不到的闪光点,原来自己在别人眼中也有很多长处;"我和我的专业",通过师哥师姐的现身说法,他加深了本专业的了解;"我的职业蓝图"的构建让他对未来的规划渐渐清晰起来。

"歌唱得好,舞跳得棒说明你很有艺术天分,衣品也很个性,独树一帜,有自己的想法,这些都是艺术家共有的特性。艺术都是相通的,画画应该也没有问题。开学时咱们做的职业兴趣测试,显示你很适合从事艺术类工作。"个别的教育和聊天,针对性更强,理论与实际相结合,是说服人的好方法。

"是吗?我从未想过这个问题?我是色弱,我觉得我画不了画。"小Y还是有所顾虑,信心不足。

"梵高也是色弱,况且家居专业只是需要素描、速写、水粉等一些基础绘画,更重要的是CAD和3D软件操作。"不得不说,班主任对专业的了解是帮助学生进行生涯规划的底气。

"想出人头地,被人仰慕,有很多种方式,一是专业好,二是有特长,特长你已经有了,还差点专业技能,那么多专业课,我们先攻一门,手绘效果图如何?"

"是吗?也许可以尝试一下,但是别人都已经努力这么久了,我现在才开始,不晚吗?"

"只要开始,永远不晚,只要努力,总有空间。不努力一把,你怎么知道自己不行呢?"

就这样,小 Y 决定努力一次试试,用他自己的话来说,就是"反正试一下也不会有什么损失"。他开始慢慢静下心来画画、作图,渐渐地,他发现自己真的可以。手绘效果图、CAD 效果图……他学得很快,得到了专业老师的赞许,我看到他的作品总是稍加夸张而又不失底线地赞叹。不知不觉中,他的自信越来越多,笑容越来越多,整个人也越来越勤奋,用在专业上的时间也越来越多。"学渣""睡神"开始逆袭为奋进的青年。小 Y 慢慢找到了学习的乐趣。毕业那年,他参加了成人高考,成功考进青岛理工大学环境艺术设计系。如今,他应聘到心仪的装饰公司担任设计师助理,每天都全身心投入忙碌的工作。"我的未来大有可为。"他这样说道。

生涯规划成效开始慢慢凸显,非常明显的一个变化体现在学生就业数据上——对口就业率、优质就业率均得到明显提升,岗位流失率则明显下降。以 2017 年城市管理职业学校的就业数据为例:对口就业率达到 92%;优质就业率占当年就业人数的 52%,创下历史新高;岗位流失率由指导前的 22% 变为 8%。数据背后是学生行为习惯、理想信念的自觉改善。生涯规划教育推进了个性化教育的进程,帮助学生树立理想,坚定了学生"人人有才、人无全才、扬长补短、个个成才"的信念,是德育工作的一项有效手段。

图 4-3 指导学生填写生涯档案

# 心灵导航,助力职业生涯第一站

## ——引导实习生积极面对挫折

刘巧玲

中等职业学校的学生,经过两年的文化课和专业课程学习,在升入高三年级时走出校门,步入联办实习单位,成为准职场新人。初入职场的他们一开始总是信心满满,意气风发,内心充满着对成功的渴望,希望能在职场上打拼出自己的一片天空。但是很多学生在初入职后不久,往往很快就蒙头转向,对工作中的挫折、单位领导的批评以及与同事间的小矛盾不知该如何处理,于是常常听到学生抱怨"理想与现实差距太大了""这样的工作压根儿不适合我""老板不赏识我,经常故意找茬骂我""学校里所学的专业知识根本就用不上""总是遇到客户的刁难""与同事关系不好,他们都孤立我"等。有些实习生在初入职场受到挫折后,心理上难以承受,从此经常跳槽,还有些人甚至放弃了最初的职业规划和对事业的追求,一蹶不振。针对职校实习生初入职场遇到挫折时班主任的应对和引导措施,我以我班曾在海信集团客服中心实习的学生董璎颖的经历为例,谈一下我个人的看法。

董璎颖是 2017 级客户信息服务 2 班的一名学生,2019 年 7 月通过学校双选会进入我校联办单位海信集团客服中心实习,经过半个月短暂而紧张的培训后,成为公司负责家电售后服务的热线客服。

实习最初的一个月中,她多次打电话向我倾诉各种不满,还通过家长向我抱怨:业务上要记的东西太多太琐碎啦,客户故意刁难人啦,领导有一点小错就批评、态度太凶啦,和同事关系难处啦,有时需要加班到很晚啦,等等。她一度产生离职调换实习单位的想法。为此,我在实习巡查时和客服中心石磊主任进行了深入的交流，了解了实际情况后，对董璎颖从以下几个方面进行了心理引导。

## 一、要有吃苦耐劳的精神

我以往届生 12319 金牌话务员常虹、海尔客服中心班组长任潇潇等人的成功经历为例劝导她，无论什么工作都会有不同的困境和压力，唯一的办法就是脚踏实地，一步步去克服，不要一遇到困难就要放弃。要想稳稳地在单位立足，必须依靠自身的勤奋和努力，成功来自坚持，努力才有回报，只有凭奋发进取的精神和顽强的意志，才能走好职场的第一步。

## 二、保持虚心学习的态度

我对她讲了自己初入职时的切身体会和转变过程，告诉她刚接触工作难免会出各种差错，这时候受到领导的批评是非常正常的，这是每个人成长过程中所必须经历的一步。正如比尔·盖茨所言："在你没有取得成就之前，切勿过分强调自尊。"这时候更要把领导的批评，作为自己进步和提高的动力。当你在工作上取得明显进步时，自然会赢得所有人的肯定和赞赏。

## 三、正确对待客户的"刁难"

我向她转述了领导的鼓励和意见，引导她一定要时刻坚持从客户的角度出发，多站在对方的立场想想，换位思考，不能激化矛盾；要认识到在很多时候顾客只是想发泄一下，应保持平静的心态，耐心倾听和温婉安抚顾客，了解事情的来龙去脉，并帮助顾客做具体的分析，尽量解决顾客反映的问题。有时难免会遇到个别无理取闹的客户，这时也不要急躁，应学会向领导和同事虚心请教，学会自己分析和总结经验，用正确的方法去应对和解决。尽量要保持清醒的头脑，因为无论从事什么行业，都必须经过多次的磨炼，才能慢慢成长和成熟，因此要积极调整自己的情绪，用乐观向上的心态对待工作和生活。

### 四、一定要学会尊重

尊重教育,对初入职场的学生尤其重要。对董璎颖所反映的与同事的矛盾问题,我耐心开导她:在人际交往中,自己待人的态度往往决定了别人对自己的态度,因此,你若想获取他人的好感和尊重,首先必须尊重他人。尤其是在职场中,尊重上级是应该有的礼貌,尊重同事是必须具备的素质,尊重客户是时刻牢记的信念,尊重工作是起码的修养。与同事,尤其是单位老员工交往时,态度一定要真诚、虚心、谦让,遇到问题要主动请教,发生小摩擦时要多一点理解和宽容。

### 五、不要以自我为中心

小董在家里是独生女,是在父母的悉心呵护下长大的,自我意识比较强。我委婉地告诉她,单位毕竟不是自己的家庭,在办公室里,不要以自我为中心。在与别人相处中,如果自己想说什么就说什么,自己想到什么就做什么,这样很容易在无意间伤害到别人。在说与做之前,多想想别人的感受,多顾及身边的人,走出"以自我为中心"的漩涡,使自己成为受欢迎的人……

经过一段时间的心理调节和适应,董璎颖终于走出了初入职的不适期,业务技能越来越熟练,处理客户来电的能力大大提高,和同事们关系越来越融洽,工作成绩也得到了主任的充分肯定。在2019年底海信客服中心业务考核中,董璎颖以严谨的工作态度和出色的工作业绩成为四名优秀实习生之一。

2020年7月,董璎颖从我校顺利毕业,同时入职海信客服中心,成为公司的一名正式员工。

无数迈出校门的中职生,用他们的成才之路证明选择职校并非前途黯淡、没有希望。在我们周围,有许多值得称赞的中职毕业生。他们有的已经成了商界精英,有的成了企业奇才,更有无数技术型、服务型人才,秉着踏实专注、精益求精的工匠精神,在社会的各行各业发挥着重要的作用。他们用自己的成功,赢得了社会的尊重,为中职生争得了光彩和荣誉。我们将耐心引导今后的每一届学生,让他们汲取前行的力量,寻找到适合自己的人生之路。

# 做好实习学生的引路人

薛瑞菊

　　高三实习,是每一个中职生走向社会必须经历的一段实践活动,是教育教学的重要组成部分。这是学生第一次离开自己读书的地方,前往陌生而又充满吸引力的实习岗位,像大人一样承担起一份重要的责任,对于很多处于温室之中,娇生惯养的学生来说,是学校生活里比较特殊而富有挑战性的一次体验。实习班的班主任既要在专业技能上进行指导,又要为学生做好心理疏导,当好引路人,让他们在人生第一份工作中留下相对美好的回忆。

## 一、及时了解实习动态,跟进思想工作

　　提高对实习学生的有效管理,勤走访学生实习工作单位,进行广泛交流,加深与学生的沟通。除了保证电话联系畅通之外,还利用微信与每一个学生及时沟通,进行不间断的管理,发现问题及时解决。在同一个实习工作岗位上,我班两个学生却出现了截然不同的表现,学生甲通过实习明确了自己以后的工作方向,规划自己以后的职业发展方向,在单位深受领导的重视和栽培,现在已经被重点培养。而学生乙由于自身认识的不足,本来开始和学生甲在单位都是齐头并进,后来却慢慢退步,导致自己对实习岗位失去了积极性。我去实习单位检查过程中发现了乙同学的这一变化,马上与她沟通。通过与她的聊天,我指出她思想上放松,遇到一点小困难就放弃,做事没有积极性,她有所觉悟,后来的几天我趁热打铁,与她微信交流思想状况,她慢慢改变了原来的懈怠,在工作中越来越积极,也成了实习单位的重点培养对象。

## 二、协调单位与学生关系，做好"消防员"

学生实习的过程中，由于用人单位的客观要求不同以及学生的个人素质上的差异，难免会出现问题，特别是初入职场时的心理适应问题，班主任要及时发现、调解，从而保证实习工作顺利开展。为了解决好以上问题，我一直把了解学生实习时的工作情绪作为重点工作之一，因为只有掌握了学生的情绪情况，才能及时发现问题的苗头，及时调解。在交流时，多做学生的思想工作，帮助他们理解在社会上闯荡，吃苦耐劳是必须具备的素质，不要把报酬看得太重，使学生能够在实习单位安心实习。班里有个女生个性很要强，对于别人的批评很难接受。在一次工作中出现了点小失误，主管直言不讳地对她进行了批评，她感觉有点委屈：别人这样做了，主管不批评，却只批评她。因此她就认为是主管故意针对她，她想要辞职，我追问其原因，及时对她进行了安抚，后来通过我多次与其进行思想交流，她慢慢意识到自身也有不足之处，积极调整自己的心态，工作积极性越来越高，也能正确接受批评，后来经常得到主管和其他领导的表扬。学生刚踏上实习岗位时，因为涉世浅，不能及时转换自己的角色，经常会出现各种各样的摩擦，作为实习指导老师就需要及时充当"消防员"，进行正确的思想疏导，协调好用人单位和实习学生的关系。

## 三、鼓励表扬学生，树立学生自信

高三班主任要有一双善于发现的眼睛，做一个有心人，时刻注意实习学生，留心实习学生，关爱实习学生，要多表扬、少批评学生。表扬不但可以使实习学生树立自信心和责任心，而且会使实习学生尽力将事情做得更好，调动学生工作的积极主动性，使学生在宽松、和谐的环境中不知不觉得到进步。班级里有个女生性格内向，一直默默无闻，实习时只有她一人分到一个单位。在实习初期，我一直担心她适应能力差，不能坚持实习工作，因此我就特别关注她，一直和她交流沟通，关心她的工作和每天的上下班情况，鼓励她，肯定她的表现："上班单位离家那么远，你却能按时上班，从不迟到，好好工作肯定没问题。"我去实习单位看她时，她的表现确实如我所愿，认真热情做好接待服务工作，变得越来越大方自信！她在学校时从来没有那么表露过自己的感情，在实习单位看到我时那种依赖感、亲切感,在我要离开的时候主动拥抱我,让我深受感动!

　　总之,学生在实习过程中,老师要认真指导,磨炼他们的意志,锻炼他们的能力,培养他们良好的工作作风和实干精神,树立他们强烈的责任心、高度的责任感和团队精神。实习让学生学会脱离浮躁和不切实际,心理上更加成熟坚定,为走向工作岗位做好充分准备,在今后的工作中,适应企业发展对岗位职责的要求,努力把工作做得更好。

# 第五篇
# 与你共渡非常战"疫"

那是一段特殊的日子
那是一段难忘的时光
疫情的阴云笼罩全国
校园的大门因严格的防控而紧紧关闭
防疫知识宣传
学生健康摸排
线上课堂组织
宅家生活指引
家长情绪安抚
开学工作指引……
成为一名班主任不可推卸的责任
冷冰冰的屏幕
隔不断我们的关爱与热情
虽然少了些亲密接触
却更添了对责任和使命的坚守
虽然少了些面对面的交流
却更多了对知识和未来的期许
疫情之下
我们用爱坚守,用爱陪伴
共同谱写了一曲教育工作者的璀璨华章

# 停课不停学，成长不掉线

## ——2019级环艺2班网课日志

　　我们从未这样热盼过春天，今天本来应该是2020年春季开学的日子，但是新型冠状病毒让我们的学习和生活都猝不及防地发生了变化。"停课不停学"，这个学期注定是一个不一样的开始，抛开不利因素，不管怎样也要好好努力，我们用网上学习的特殊方式打开了我们的开学第一课。

　　上课时间表、上课网址、登录方法、课程安排、课程需要准备的东西……班主任都在微信群里进行了说明，并在家长群同时发布了上课信息，希望家长做好监督工作。

　　老师哪去了？老师变身成主播进入了手机、电脑……我们使用电脑、平板或者手机都可以上课，直接登录青岛教育云平台，也可以在微信群内直接观看教学资源，还可以通过对分易平台上，网络上都是老师精心录制的视频课。各科课代表建立了每科讨论群。微信群里老师隔空相伴，耐心解答问题，通过微信小程序上传作业，老师在群里给我们挨个点评，完全是"开小灶"的感觉，想偷懒都不行啊。

　　实时听课，课后回看。努力的人不管在什么情况下都在奋力前行，也有些人有时兴起了，自觉性高了，或者在老师、家长的督促下才会选择去完成任务。学霸靠的不是智商，而是在其他人放纵的时候，默默地努力和自律！大家听课时都仔细做笔记，不做与网课无关的事，课后作业按时上传。

　　我们即使是在家上课也没有忘记做眼操和上体育课，按时休息放松眼睛，做一些室内运动，放松身体，做到真正的劳逸结合。

　　一起来看看同学们的上课体会吧。

　　漫长的假期终于结束，我们也迎来了开学。在这个特殊的时期，上课也特殊起来。或许是假期过于无聊,一想起开学上网课,心里就有点小兴奋,又能和同学们"打闹"起来了。虽然还是在家里窝着,但是没有那种无聊的感觉。这和在学校里的感觉不一样。开学第一天的课程比较简单,我在课堂上完成了老师布置的作业,迅速拍照发到群里,继续等待着下一堂课程。即使在家学习,我也希望自己能够坚持下去,上课认真记录课堂笔记,下课做到自主复习,作业不拖交,加油!!!

盛宝颖

寒假后第一天上课,我的心情既激动又兴奋,听到老师的声音,即使是在家里上网课,但依然能感受到老师对我们的爱。老师录的课十分认真,考虑到我们有不会的题,在线上及时给我们解答。我也非常期待接下来的课程,特别是新老师的课,我们有的科目换了老师。我们会记住老师的教导,与新的老师配合共同学习,共同努力,我们会比以前更加认真!

赵智远

在这个特殊的时期,疫情来临,延误了开学,老师积极开展网络教学。我在前天听到这个消息,心情十分忐忑,很晚才睡觉。但并不影响我今天早早起来上网课的激动心情,上课了,听到老师认真讲课,我不知不觉沉浸在今天学习的内容中了,学得很充实,觉得时间过得很快。今天是既充实又收获知识的一天,希望以后每天都可以保持心态平稳,好好学习,为未来加油,也希望疫情早点好起来,武汉加油,中国加油!

万玉洁

今年上学的方式有些特殊,我们停课不停学,要坚持学习。我们虽然不能像医护人员一样奋战在疫情的第一线,但是我们会用我们自己的方式——好好学习,回击灾难!

颜真卿说:"黑发不知勤学早,白首方悔读书迟。"同学们,虽然我们学校没有按期开学,但是现在是对我们最好的考验,我们要和前线工作的医护人员并肩作战。我们要加油!为武汉加油!为祖国加油!

卢艺宽

　　因为新冠疫情的原因,我们延误了开学的时间,寒假无聊的生活结束,我们开始了网课学习。我前一天晚上激动得很晚才睡。我们要早晨起来打卡,每上一节课前打卡。老师辛苦录了课,还是和之前一样,总是认真给我们讲述,在学习过程中会有把比较容易出错的地方给我们指出来,课下仔细帮我们每个人批改作业。我们在家里也不能懈怠,课前多做准备,课上认真听课做好笔记,课后认真完成作业。一天过得也很充实。我喜欢这种充实的生活! 希望我们一直会比昨天更好,也希望疫情可以快快好起来,我们早日回到学校! 加油!

于帆

　　希望我们可以继续保持,也希望大家克服懒惰,努力学习,把疫情笼罩下的假期变成一个自我超越、有意义的假期。

# 非常时期，非常行动

## ——2017 级通信 2 班战"疫"行动纪实

刘巧玲

这是一个不平常的寒假，一场突如其来的疫情冲淡了新年的喜庆气氛，昔日热闹的街道被沉寂替代，"戴口罩、勤洗手、不聚餐、不串门"的口号飘荡在我们耳边，各种警戒和指导性的标语贴满城市的每个角落。

疫情就是命令，生命重于一切。疫情当前，医院里有医护人员毅然剪掉长发、请战一线的忙碌身影，车站前有"舍小家为大家"的公务人员的坚守，社区内有志愿者、物业人员、环卫工人等为居民日常生活提供保障的群众力量。在此非常时期，我们的班级工作也采取了一系列非常行动。

### 一、强化疫情宣传，让防控知识入心入脑

疫情发生以来，班主任刘老师通过微信群发布《致全体学生和家长的一封信》《新型冠状病毒感染肺炎预防指南》《新冠病毒科学问答》，宣传青岛教育局和学校疫情防控工作最新安排、科学防护知识，引导学生通过正规渠道了解当前疫情的实际情况，帮助学生客观认识、冷静面对疫情，引导学生不传谣、不信谣，做好疫情防控的舆论引导工作。

### 二、"一对一"摸排，做好实习生疫情期间管理工作

春节期间，班里有多名在海尔、海信客服实习的学生被单位安排了值班工作，为保障实习学生的身心健康和生命安全，我们坚决执行青岛市教育局和校

实习处通知,暂停疫情防控阶段一切实习工作,对实习生逐一摸排,掌握情况,并嘱咐家长做好学生在家的安全管理和安全防护工作,确保学生安全无意外发生。

### 三、办活动齐参与,假期生活精彩纷呈

通过班群组织开展"众志成城,战'疫'时刻"主题活动,号召全体学生充分发挥特长,以笔为枪、用画作旗,积极抗击疫情,展现青年人的家国情怀和担当精神。通过"宅爱学习—备战春季高考学习计划展示""宅爱文化—美文推荐""宅爱生活—身体锻炼指导和居家生活指南"等项目,帮助学生规划假期时间,丰富学生文化生活,有效缓解疫情期间学生焦虑情绪。

### 四、温情沟通,进行有温度的思想教育工作

疫情防控阻击战对所有人来说不仅仅是安全战役,同时也是一场心理战、一场思想战。"同学们,好久不见,都在家干什么呢?""同学们,在家要多帮助父母做家务。""同学们,今天我们一起讨论一下自己的家乡美食吧。"通过这样的聊天,班主任可以更细致地看到每个同学的精神面貌,同学们可以更好地拉近彼此的感情。隔离病毒不隔离爱,这种温情的沟通,保证每一名学生都有关注、有关照,思想教育工作更有温度。

面对疫情,同学们纷纷送上了祝福,诉说自己的感想。

夏铭皎:祝愿预防疫情,从我做起,胜利终将属于我!

丁俊彤:同舟共济,武汉加油!国家有难,匹夫有责,万众一心!

李欣颖:希望疫情早日过去,我们能走上街头,繁花与共!

郭皖佳:请人们收起"让武汉人离我们远些"等话语。愿武汉可以早些渡过难关,武汉加油!

王雪:众志成城,共抗疫情,寒冬终将过去,希望就在眼前,让我们静待春暖花开时!

梁晓雅:现在延长的假期不是用来挥霍的,是用来提高能力的,这是去应

对人生路上的各种考验的最好时机,也是我们作为学生对灾难回击的最好方式!

在战"疫"前线,有医护人员、志愿者等冲锋陷阵,在战"疫"后方,也有像2017级通信2班学生这样的青春力量在默默支持,乖乖在家不出门,通过自己的方式,努力学习,丰富自我,沉淀积累,齐心协力,共盼春回!

# 战"疫"纪实
## ——青岛交通职业学校 2017 级 10 班

宫 婕

春节，本来应该是一家人团聚，共同庆祝的日子，可是新型冠状病毒疯狂肆虐开来。该病毒潜伏期长，传播速度快，感染者症状一般为发热、乏力、干咳，严重者表现休克甚至死亡。

疫情就是命令，防控就是责任。在这千钧一发的危急时刻，全国的医护人员挺身而出，冒着被传染的风险救治患者。学校领导和老师也在第一时间采取应对措施，做好师生的防护工作。班主任宫婕老师在班级群里落实每位同学的假期外出和健康情况，及时发布各种防控知识，而且每天都询问和关心着同学们。

疫情当前，我们 2017 级 10 班的同学们除了做好勤洗手、多通风、少聚集、出门戴口罩这些常规的防护之外，还在宫老师的号召下每天锻炼身体，提高免疫力；坚持每天学习，读书，练字；同学们还利用假期的时间学习乐器，从各个方面提高自己的文化素养。这些都反映出来同学们直面困难、积极向上的心态，相信经过这一个假期的积累和沉淀，我们会以一个更好的精神面貌迎接下学期的实习工作。

我们 2017 级 10 班的同学们虽然不能像医务工作者一样奋战在一线，但我们用实际行动来保护好自己，做好疫情的防控，就是对他们最大的支持。

团支书臧平欣同学向全班发出倡议：

防控疫情，人人有责，

正确防疫，从我做起；

不忘学习，一起努力，

春暖花开，我们相聚！

在开学之际，教育局领导和学校领导分别给我们这些居家学习的同学们写了名为《勇毅笃行　做更加美丽的自己》和《停课不停学　我们在行动》的信，信中情真意切地写道："期待同学们科学防疫、健康生活；学会感恩、立志成才；珍惜时光、学习成长。"我们班的张胜男代表全班同学写了回信，她在信中写道："感谢学校领导、老师和家长们的关心。这次疫情让我们明白，最重要的是健康，让我感受到了知识的力量，让我意识到每个公民身上都承担的社会责任，对我的家人们有了新的看法。"

我们2017级10班的全体同学和全国人民一起正在全力与病毒赛跑，与疫情赛跑，我们一定会战胜病毒，战胜疫情。愿所有病痛都会被温暖的春天治愈，中国加油！

# 战"疫"有我，别样精彩

## ——2019级环艺2班战"疫"日志

李玉磊

岁末年初，一场突如其来的疫情席卷而来，让我们每个人都措手不及，牵动着每个人的心。在疫情面前，全国上下都积极行动起来，暖心的一幕幕情景让我们热泪盈眶：钟南山院士，不顾高龄，挂帅出征；众多医疗工作者无畏生死，最美逆行；各行各业捐钱捐物，不计得失……

对于环艺设计专业的学生，画画是最基础的技能，虽然入学时绝大多数同学都没有基础，只学习了一个学期的时间，但这妨碍不了他们想为抗击肺炎做点事情的热情。居家隔离的他们，拿起了手中的画笔，创作了很多抗疫宣传画，既表达了他们的信心和斗志，也锻炼了他们的绘画技能。

图5-1　2019级环艺2班丁俊作品

图5-2　2019级环艺2班卢艺宽作品

图 5-3　2019 级环艺 2 班孙峻作品

图 5-4　2019 级环艺 2 班房哓作品

图 5-5　2019 级环艺 2 班鲁倩作品

图 5-6　2019 级环艺 2 班周璇作品

图 5-7　2019 级环艺 2 班万玉洁作品

# 同心战"疫"，旅四在行动

薛瑞菊

　　这个新年，注定是不平凡的一年，新冠肺炎揪住了全国人民的心。在武汉，在湖北，在全国有无数医务工作者成为逆行者，走到奋战抗击新冠肺炎的最前线。而我们身为祖国的花朵，尽管不能在前线做白衣天使，不能在实习岗位上贡献力量，但我们应不为抗"疫"一线添"堵"，不为抗"疫"添"乱"。

　　为让学生明白抗击新冠疫情的重要性，掌握学生在家的身体状况，建立共同打赢防疫战争的精神，班主任薛老师不但每日及时了解学生的身体情况，也让学生在家里积极锻炼身体，过丰富多彩的课外生活。

　　停课不停学，我们在行动。高辅班的同学，书桌前早已堆满了大大小小的书本。业精于勤，荒于嬉；行成于，思毁于随。在困难面前永不言败，不畏艰难，勇往直前，最后到达成功的彼岸，享受到成功的乐趣。

　　开展丰富多彩的课外活动。本应在单位实习、现在因防控疫情而居家隔离的同学，没有放松自己，而是丰富自己的爱好，锻炼自己的身体。有的同学选择了适合在家里做的运动，极大地增强身体免疫能力；有的同学学习一门手艺，掌握技能；还有的同学帮助父母做家务。

　　感谢所有坚守，致敬所有"逆行"！疫情面前，我们呼吁大家佩戴口罩、勤洗手、少出门、避免聚会。重视防护，共克时艰！武汉加油！中国加油！

# 向"基建狂魔"致敬

张 伟

十天十夜，与时间赛跑，只为拯救更多生命。

——基建狂魔

为了为遏制新冠肺炎疫情后续蔓延提供有力保障，中国建造安全岛项目再次让世人惊叹！一线建设者用专业、大爱、大义诠释了中国速度。疫情面前，没有局外人，此刻，我们也应用自己的方式为抗疫工作贡献力量，做一点力所能及的事。

青岛市建筑工程职工中等专业学校 2019 级 2 班的同学，在名班主任工作室成员张伟老师的指导下，线上观摩讨论火神山、雷神山设计图纸和施工细节，建筑面积分别为 34 000 平方米、79 900 平方米，模块化设计，逾万人投入施工，采用轻型建筑材料，1 500 余台各类大型机械设备及运输车辆，场地平整——抗渗——绑钢筋——浇筑基础——箱式板房主体结构拼装——接电；理论联系实践，加深对建筑工程制图与识图课程、建筑施工技术与机械课程专业知识的理解与应用；扎实学习，为有一天实现自身价值，勇敢地面对社会责任，努力充电。

突如其来的新冠肺炎疫情，打乱了我们平静的生活，也让不少人倍感压力，易被负面情绪困扰。为增强大家的心理免疫力，张伟老师还利用网络平台每天推送心理援助讯息及疫情日报，引导学生从以下几方面调整心态：接纳恐惧、焦虑等应激情绪；进行自我暗示、树立坚定信念；多交流、获得心理支持；建立积极的应对方式；寻求专业的心理援助等。

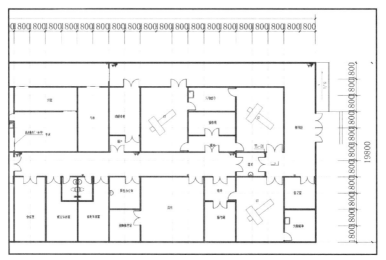

图 5-8 观摩讨论火神山医技部平面图

这个冬天格外漫长,但没有一个冬天不可逾越。冬去春来,新雪初霁,让我们的行动被看得见。不同的身份扮演着不同的角色,与祖国同心,与同胞同在。

# 同心战"疫",共促成长

## ——班主任写给家长的一封信

宋晓君

亲爱的各位家长:

大家好。今年,我们迎来了一个特殊的春节假期,一场突如其来的疫情打乱了孩子们的学习生活节奏。作为家长,我们应该如何陪伴他们度过这个不一样的假期呢?

### 一、加强社会责任感的教育

疫情来临之后,大量的医护人员、科学家、警察等积极参与战"疫",援助武汉渡过难关,大批企业及海外留学生和华侨踊跃捐赠,为前线抗击疫情提供了有力的援助,还有很多普通社会人士也为这场没有硝烟的战争尽一己之力,出现了许多感人的故事,这些故事的背后就是社会责任感和家国情怀。家长可以与孩子一起观看相关报道,不断地丰富孩子的精神世界,培养孩子的社会责任感。如果把这次疫情看作一场战役的话,我们每一位国人都是战士。医护人员们是前线英雄,我们居家生活学习,守护好自己的阵地,不为国家添乱,做好自己分内的事情,同样也是英雄。家长可以让孩子参与家务劳动,培养劳动观念,既可以锻炼其体格,又可以锤炼其意志,让孩子体会父母的艰辛,培养孩子们的感恩情怀和责任感。

## 二、加强生命教育和健康习惯教育

这场没有硝烟的战争,让我们充分认识到人的生命是最宝贵的,同时又是很脆弱的。人类在历史长河中一直都在与病毒斗争,但人类又是勇敢和智慧的,有些病毒已经被消灭,有些病毒得到了有效的控制,但一定要让孩子认识到:保持健康也需提高免疫力,而免疫力靠讲卫生、勤洗手、适当运动、均衡饮食、合理作息、控制电子产品的使用等良好的习惯才能获得,身体是革命的本钱。有了好的身体,免疫力才能强。"猫"在家里的这段时间,身体一定不能"偷懒"!家长在家要培养孩子防疫意识,做好防疫工作。在这个特殊的时期,可以组织一些亲子活动,既可以强身健体,又可以培育良好的亲子关系,多鼓励孩子进行一些体育运动,与孩子一起养成健康的生活习惯。

## 三、督促孩子积极参与网课学习,培养良好的自学习惯

根据国家要求,我们"停课不停学",结合实际情况开展了空中课堂,制订了相关线上教育的实施方案。线上教学不像课堂教学那样师生面对面,老师能掌握课堂,学生能观察到老师,这就对学生的独立性、自主性及学习环境提出了很高的要求。那么作为家长,如何引导孩子配合学校,完成线上学习任务呢?首先引导孩子重视网课,与孩子一起制定居家学习规则及作息时间表。其次要给孩子营造良好的在线学习环境,准备好相关学习用品,孩子听课时保持室内安静。再次,监督提醒孩子学习状态,让孩子保持听课时注意力集中,根据课程表安排合理作息,督促孩子认真完成作业,并与老师及时沟通交流。最后,要注意提醒孩子用眼卫生,每天室内锻炼半小时以上,提高自身免疫力。

需要强调的是,停课不停学所指的学习并不是单指文化课学习,还有其他内容,如阅读、劳动、个人素养方面的学习,这些更为重要。家长可以借这个机会给孩子补上这一课,如可以培养孩子良好的读书习惯,边读边思考,读完后和家人一起分享收获。平常就有琴棋书画等爱好的孩子,刚好这个时候可以在家里多练练,提高动手动脑能力,大展身手!

亲爱的家长们,这个假期注定会成为孩子们生命成长中一段难以磨灭的记忆。

面对疫情,我们严阵以待,从容应对;面对困难,我们彼此相伴,携手前行。请相信,所有的努力终将美好!让我们和孩子们一起静待春暖花开!

# 众志成城战疫情，爱心捐助赤子心

赵　帅

乙亥岁末，庚子年初，一场突如其来的新冠疫情席卷而来，严峻形势牵动着全国人民的心，而湖北地区作为疫情的中心地带，物资更是极度匮乏。

青岛交通职业学校 2018 级 7 班的同学，在班主任赵帅老师的带领下，与青岛爱心天使义工团取得了联系，得知青岛爱心天使义工团正在进行募捐活动后，便积极参与其中，在班级内发起了募捐倡议。在建班之后，2018 级 7 班多次参与青岛爱心天使义工团举行的活动：募捐、看望"彩虹村"儿童、义卖等。

此次义工团募捐消息得到了高二 7 班全体家长和同学的大力支持，班级群、家长群内反响很大，同学们纷纷把自己的压岁钱拿出来，家长们也为同学们的做法感到欣慰。此次活动从发布募捐倡议到募捐结束，共 6 个小时，总共捐款 1 800 元，认捐医用帽 3 600 个。此次认捐的物资在第一时间驰援武汉。

家长、同学们说："我们要用爱心，点亮阻击疫情的希望之灯。""我们虽然不能到一线去战斗，但是我们可以通过捐款活动来献出我们的一片爱心！""我们家长也想为学校、为社会做点儿实事，尽自己的绵薄之力！"

这次爱心捐赠，是一次非常好的感恩教育。疫情无情人有情，在这场特殊的战役中，有无数英雄冲在抗"疫"第一线，保护着我们的生命健康。中职学生虽然还未成年，不能走上最前线，但是一样可以用自己的微薄之力，做出自己的一份贡献。他们捐赠的不仅是物品，更是向医护人员和社会传递了尊重与敬佩！

在这场没有硝烟的抗"疫"战中，我们每个人都在努力！无论何时，万众一心，同舟共济，没有过不去的坎！

图 5-9　认捐的医用帽

# 爱心汇聚民族大爱，责任汇聚民族力量

## ——2019级家居2班主题班会

李玉磊

这是一个特殊的假期，这是一段难忘的记忆，这也是一个难得的教育契机。疫情当前，大家足不出户，居家抗"疫"。大数据时代的到来，也让我们感受到了方便与快捷。隔离病毒，并不能隔离与学生的联系与关爱，就让我们在QQ上团聚，开始我们新学期的第一次网络班会吧。让我们一起品读故事，学习榜样，感受力量，传承精神。

班主任和班委们提前一个多星期开始精心筹划，广泛收集素材，精心制作PPT，在QQ上开了班委筹备会，累计超过两个小时。在班主任的指导下，班委明确分工，一切都在网上有序筹备着。

这是我们第一次在网上进行的主题班会，会前同学们按捺不住内心的激动

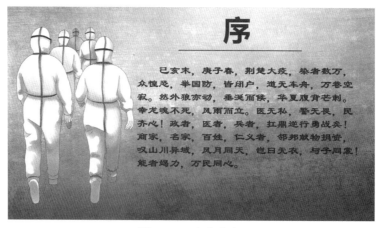

图5-10 班会序言

早已提前上线,迫不及待地想要和老师同学们见面、聊天。大家都觉得很新颖,也很激动,一时间,亲切的问候,熟悉爽朗的笑声充满了 QQ 空间……

此次班会由钟华琼和孙峻主持,在孙骏的一段文言文配乐朗诵中拉开了序幕。铿锵有力的语言,一下子就让同学们身临其境,进入到凝重的氛围当中。

随后我们共同观看了抗击新冠肺炎公益视频《坚信爱会赢》。歌词这样写道。

我们坚信有爱就会赢,

你有多痛我就多痛心。

有难一起扛,

共分担才更坚强。

风雨中凝聚民族的力量。

是的,"有爱就会赢……风雨中凝聚民族的力量。"在歌曲感人的旋律中,我们进入到班会主题"爱心汇聚民族大爱,责任成就中国力量"。

班会共分为三个部分。

## 一、战"疫"硝烟未散尽——坚定必胜信念

赵智远同学为我们介绍了疫情情况和预防新冠肺炎的基本知识,特别指出现在的输入性病例是防御的重点,告诫同学虽然疫情已有大幅好转,但绝对不可以掉以轻心。

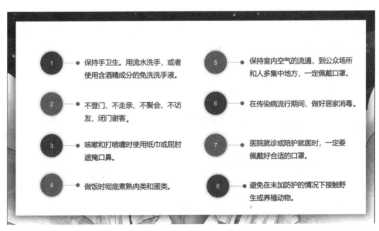

图 5-11 预防新冠肺炎的知识

## 二、英雄无畏勇担当——感受大爱无疆

点点微光，汇成希望，丝丝温暖，凝聚力量，沧海横流，方显英雄本色。

几位同学用图片和故事，分享了钟南山、李兰娟、单霞、张定宇、陈军等人的事迹。他们用自己的行动诠释了"无畏"和"大爱"，令我们感动和敬佩。之前，同学们或许听说过他们的名字，但是通过讲解，他们的形象更加立体而生动地展现在我们面前。

抗战在一线的医护人员是最美的"逆行者"，正所谓哪有什么岁月静好，只不过是有人替你负重前行。王雪同学的诗朗诵让我们进一步感受到了白衣天使的伟大。

## 三、青春有梦敢奋进——传承爱与责任

班主任给同学们准备了一段视频《"00后"的抗"疫"者》，主持人的娓娓道来使学生认识了响应母校号召走上一线，东西湖职校护理专业的毕业生；认识了每一天都认真工作，在岗位默默奉献的列车员圆圆；认识了年仅15岁，"千里走单骑"从国外带回5万个口罩捐给医院的赵珺延；认识了刚刚康复，得知血清对康复中的病人有帮助，毅然捐献血浆的两个"00后"。普通人也可以为社会做出贡献，对此同学们进行了积极的思考和回答，纷纷表达了自己的想法。

虽然我们作为学生，不能像他们一样去一线奋斗，但是我们可以把力所能及的事情做好：可以不传谣，不信谣；疫情结束前，尽量少出门，多在家里看书，提升自己。加油"逆行者"！加油中国！我相信在这场战"疫"中，我们一定会取得胜利！

韩明媛

班会中，我们看到不计报酬、不计生死的凛然大义；看到了义无反顾奔赴"疫"线的"最美逆行"；看到了主动放弃假期，投身"疫"线的党员干部"请战书"。这些人都是我们的榜样，给我们以温暖前行的力量。

房晓

　　人民群众是历史的创造者,是真正的英雄,防疫抗疫要把人民群众的力量凝聚起来,铸就疫情防控命运共同体,心往一处想,劲往一处使,力往一处发,攻克疫情、渡过难关、跨越时艰。国难当头,疫情如火,我们身为学生在做好物理防护的同时,也应该做好信息方面的防护。不传谣,不信谣是学生对抗击疫情最大的帮助。

李梦澄

　　自觉在家不出门,就是对疫情防控最大的支持,也是对自己、对家庭、对他人最大的负责! 隔绝疫情,不是隔离真情! 在这场特殊的战斗中,个人与家庭、个人与集体、个人与社会,息息相关、休戚与共。为了自身的安全、亲人的健康、朋友的幸福和社会的安宁,我们要不到人群密集处,生病发热及时隔离,并立马去医院检查,保护自己,对自己负责就是对他人负责。

卢艺宽

　　这是一场没有硝烟的战争,医护人员面对着巨大的危险和沉重的使命,毫不犹豫地冲到前线,给予我们最大的希望。身为普通人,我们应该对家庭有责任、有担当。爸爸曾语重心长地跟我说要在患难中要忍耐,还跟我说了一些需注意事项,如咳嗽、打喷嚏时要拿纸捂住口鼻,勤洗手,勤通风。这次疫情我们最大的贡献就是不外出。有句话说得好:"家是最小国,国是千万家。"希望能早日战胜疫情,感恩白衣战士们的付出,使更多的人得到康复! 最后,武汉加油! 中国加油!

谭紫轩

　　班主任最后总结了本次班会的内容,希望同学们在疫情期间做好"守护者"和"修身者",主动学习,严格自律,合理安排作息时间,努力成为"腹有诗书气自华"的人,同时也期待着早日回到我们共同的校园。

　　班会的最后,我们共同欣赏了班级里所有同学为武汉写的加油卡和祝福卡做成的视频,祝福武汉,祝福中国。

　　作为一名中国人,作为一名中职生,我们有梦想,有激情,有十足的动力,努力学好文化知识,学好专业技能,学习我们身边的榜样,心中牢记今天的感悟,培养自己的责任与担当,在未来的某一天为我们伟大的祖国贡献出自己的力量。大家一起齐心协力,为中国祈福,为疫情中将个人安危置之度外的最美"逆行"者呐喊加油,相信我们必将战胜这场没有硝烟的战争!

# 云端开学身虽远, 共克时艰心相连

## ——浅谈疫情延迟开学后班主任要开展的几项工作

刘　钧

突如其来的疫情,让全国人民投入到这场没有硝烟的战争中,相信很多人都会有新的感悟。疫情延迟开学后中职班主任工作如何开展?我们这个时代需要什么样的英雄?面对疫情,中职生应该做什么?新冠肺炎疫情防控过程中,中职学生是一个不容被忽视的群体。充分利用重大疫情这一特殊时期、特殊情境,开展学生思想政治教育、生命健康教育,既是做好疫情防控工作的客观需要,也是教育引导学生的有利契机。延迟开学后,中职班主任有以下工作要开展。

### 一、加强学生思想政治教育,厚植爱国情怀

#### (一)加强学生爱党和理想信念教育

新冠疫情防控工作无疑是摆在全国人民面前的一场没有硝烟的战争。在这场疫情防控战斗中,以习近平同志为核心的党中央,始终把人民群众生命安全和身体健康放在第一位,把疫情防控工作作为当前最重要的工作来抓,谱写了一曲全国人民在中国共产党的领导下众志成城、共战疫情的壮丽凯歌。党领导人民抗击疫情的伟大实践,是一部生动鲜活的爱党和爱国主义教育实践教材,是一堂感人至深的爱党和爱国主义教育实践大课。班主任要带领学生充分利用好这部实践教材,上好这堂实践大课,通过多种形式的学习、宣传、教育和

实践,向学生讲清楚中国共产党的领导优势,向他们推送党领导人民抗击疫情的感人故事,向他们传播体现社会主义核心价值观的大爱精神。

（二）用生动的事例传播爱国主义思想

中华民族是在国难当头团结一心、齐心协力、共渡难关,困难面前不屈不挠的伟大民族。这次武汉发生疫情,全国医护人员集结武汉,支援湖北抗击疫情,各类物资从全国各地源源不断运往湖北,这就是中华民族的民族精神,这就是世界上独一无二的中国人。在这场战争中,全国上下每一个环节的安排和部署,都让人深深体会到国家的重要性。一方有难,八方支援,各界人士踊跃捐款,九天建成火神山医院。武汉医疗告急,全国各地人力、物力、财力在支援。封城封村,各地井井有条,依然食物充足。没有强大的国,哪能有温馨的家?班主任应该让学生明白:每个中国人,都成为疫情的当事人、抗"疫"的责任人,因为每个人的命运都和国家息息相关。

（三）在班级开展主题鲜明的教育活动

以"众志成城,抗疫有我"为主题,将疫情期间有教育意义、令人感动的事例,通过 QQ、微信、微博等平台在学生中广泛传播,弘扬正能量,为中国加油,为武汉加油,让同学们用实际行动支持全国战"疫",让爱国主义精神薪火相传、厚植于心。

**二、教育引导学生崇尚英雄,勇于担当,学会感恩**

这场疫情战役中,我们因为有钟南山、李兰娟这样的科研专家和众多的医务人员、警察、志愿者等,所以我们才能安心。作为班主任,要让学生明白什么是英雄,要让学生深刻领会英雄就是不惧危险,在国家危难时刻、最需要的时刻冲锋在前,舍小家顾大家的那些人,他们是最可爱的人,我们心目中的英雄,要教育学生崇拜真正能够为社会做出贡献的人,有担当、有责任感的人。这些奋战在疫情一线的人,才是真正的英雄,才是学习的楷模。

要教育学生感恩。要以白衣天使、志愿者等"最美逆行者"的大爱精神、牺牲精神和奉献精神作为生动教材,让学生在感动中感悟、在感悟中成长。要教育学生感恩那些为保障社会正常运转、人民群众正常生活供应的坚守岗位的人,是他们的努力和付出,让我们在家能够平安隔离,是他们保障了我们的正常生活。

要引导学生珍惜来之不易的生活,德智体美劳全面发展,用自己的责任和担当报效祖国,奉献社会,用实际的行动,争当担起民族复兴大任的时代新人。

### 三、加强人文关怀,做好生命健康教育

新冠肺炎疫情,是一起重大的突发卫生公共事件,面对突如其来的重大疫情,学生缺乏足够的生活阅历和必要的心理准备,难免会产生恐慌情绪和心理压力。班主任要充分发挥作用,摸清学生基本情况,加强与家长的沟通交流,家校互动,共同做好学生的教育。

班主任要充分利用这一特殊时期,通过这次防控疫情的亲身体验,以各式各样的形式加强对学生的生命健康教育,要使学生正确认识新冠肺炎及其防护知识,自觉加强体育锻炼,提升身体素质,养成良好的卫生习惯和生活习惯,增强自身免疫力。疫情当前,学生只需要安静地待在家里。班主任必须让学生明白:没有规矩不成方圆,遵守规则,明辨是非,以大局为重。只要人人遵守规则,我们才能享受一个安定的社会环境。班主任要组织动员学生积极配合所在社区的工作,力所能及地发挥自身优势,积极主动地传播正能量。

# 第六篇
# 你是我永远的青春礼物

似鲜花般温馨

胜鲜花般永久

永久在心中闪烁

感谢遇到你们

感谢陪伴身边

喜欢你们的笑脸

一切因你们而光辉

理想和信念在这里交融

梦想与情感在这里汇合

拼搏的时光在这里定格

智慧的绿叶留下勤奋的印痕

物换星移　无限感慨

情谊像一盏灯　照亮了我的心灵

使我的生命有了荣光

愿你像那小小的溪流

将高高的山峰作为生命的起点

看到这个时代的色彩

做出更多的选择

一路跳跃　一路奔腾

勇敢地奔向人生的大海

# 一次相遇,一生惦记

张 伟

来也匆匆,去也匆匆,是什么划过心头,留下绚丽的色彩?是那一段段感人至深的回忆,是那一个个难忘的瞬间。

九月相识,建筑施工技术专业2018级1班就像一个家庭,幸福又快乐的家庭,每个成员之间都和睦相处、相亲相爱,这样的幸福来源于别样的家风——责任、感恩、自信。

## 一、责任,润物细无声

庸祥第一次到学校,感觉陌生、好奇和憧憬,不知道能否适应新的环境、新的集体。但人总要长大,终归要去适应。当他听说被分到最好的班,心中甚是欣喜。

"特大喜讯,迎新文艺汇演有大合唱项目!"还没进教室,庸祥(文宣委员)就大声嚷嚷起来。教室很安静,同学们都在上自习,忙着写作业、复习功课,我在给陈宇答疑解惑。安静的气氛被这一喜讯打破,这时,陈宇抬起头说:"有本事带领大家拿个奖,也为班级争个光!"我扭过头看着庸祥,微笑着点头,顺势补充道:"这次大合唱是入校以来的第一次集体活动,班级的发展、荣誉的取得离不开每位同学的付出与努力,大家的责任心都很强,相信我们这个集体,只要刻苦训练,定能搬回奖杯!有没有信心?""有!"震耳欲聋的呐喊响彻整个校园。这就像春天在土壤里播下一粒希望的种子,只要用心浇灌,定会结出丰硕的果实。

"一二三四,五六七八!"阵阵口令在操场回荡,那是庸祥在指导大家排练呢!一遍、两遍、三遍,尽管是寒冬腊月,同学们已略有微汗,间歇时,一手擦着汗,一手拿着矿泉水猛灌。

我提议："为了使评委眼前一亮,打高分,同学们可设计一下合唱结束时的造型。"大家犯了难,面面相觑,绞尽脑汁,终于想出了一个——祝福手语,经过反复练习,动作娴熟,与曲子衔接顺畅完美。

文艺汇演如期举行。演出大厅装饰华丽,气势宏伟,舞台上,鲜艳的牡丹花竞相开放。随着主持人报幕,我们的《强军战歌》闪亮登场,男生西装,女生礼服,效果很好。我负责指挥,大家语调铿锵有力,节奏合拍一致,一气呵成,赢得了阵阵掌声,赢得一等奖。任务就是责任,团结就是力量,遇到困难不退缩、不放弃。为了纪念第一次集体荣誉,我们摁下快门合影,定格美好瞬间。当晚,我出乎意料收到庸祥发来的微信。

老师,感谢您,感谢全体同学。这次成绩的取得,离不开每个人的努力。来到这所学校,我在想班主任会不会比初中更加严厉呢?同学是不是不好相处呢?经过这次大合唱集体活动,我感受到了您是一个有责任心、有爱心、有童心的老班,同学们也懂得责任的意义,我们会努力的,希望以后班级在您的领导下会更强更好!

梁启超先生说过:"人生须知责任的苦处,才能知道尽责任的乐趣。"在班级管理中,我时刻谨记"责任"二字,率先垂范,认真负责,严爱相济。在日常管理中,注重班集体建设,重视班干部培养,通过丰富多彩的活动增强同学们的责任心和集体荣誉感。建筑施工技术专业2018级1班在校级各类活动中均名列前茅,并被评为"青岛市优秀班集体",赢得全体师生的一致赞誉!

## 二、感恩,报得三春晖

新学期,新目标,新成长。我带的班有个传统,学生每学期初都要给父母、老师写一封信,通过文字的形式表达自己的情愫。

亲爱的爸爸、妈妈:

你们不要担心我,我在这里过得很充实,很安全。我以为来到这我不会想家,但我也不知道是怎么了,我偶尔会有冲动想回家。我在这最担心的就是爷爷奶奶,你们一定要多去看看他们啊!其实爷爷特别希望你们能去看他们。好了,我在这一切安全,你们不用担心我呦!

爱你们的儿子:维淼

尊敬的老师:

　　我慢慢地喜欢上了这个班、这所学校,即使平时会抱怨,但绝不允许别人说一句坏话。我已和陌生同学成了朋友,一起上课,一起自习,课间一起打闹。也许我们偶尔会产生矛盾,但谁也不会在意,因为我们有最纯洁的友谊。那么多老师为我们默默付出,就像您,虽然对我严格要求,但我知道都是为我好。您无微不至的关爱和谆谆教诲,我永远会记在心间。

您的学生:维淼

　　父母赐予我们生命,带我们来到美好的世间,感恩父母是最基本的要求,也是一种弥足珍贵的情愫。老师是学生人生的领航者,用一颗热忱之心打造出一个个奇迹,感念师恩是传统美德。在班主任工作中,我一直将"感恩教育"贯穿在班级日常学习生活中,让学生体悟父母、老师无私的爱。学生拿起笔,给自己的父母、老师写一封信,那些最质朴的文字,就是最本真的表达。除了对父母、老师的感恩,我还帮助学生养成每天"感谢自己所得"的习惯性思维模式,让感恩情感的产生成为一个自然而然的过程。

### 三、自信,少年心事当拿云

　　学农实践活动按计划开展,动身前一周,我已明确并强调各种事宜。有不少同学找到我,尤其是走读生,说能否不参加。待我问明原因,他们居然是担心自己十天坚持不下来。

　　此时,我拿出晓玉入校时写给自己的话,在班上分享。

致自己:

　　不知道未来的我会是怎样,以后工作会是好的还是坏的。但我知道只有自己付出努力才能有相应的收获。不管以前的我是什么样子,从踏进这个学校开始,我就要下定决心,好好学习,未来的路是需要我自己凭借实力和努力去走的。不管未来怎样,我须加油!

晓玉

之后经一周的观察，打退堂鼓的声音似乎不那么强烈了。终于到动身的日子了，第一天，我们怀着期望、憧憬进驻农场，下午组织赶海活动。离开课堂，学生和我聊得多了起来。第二天，学生进行场地平整和挖红薯，接触各式工具。第三天是砌筑实训，虽然很辛苦，但同学们收获很多。第六天，参观农场种植区，见到了火龙果、很多蔬菜，且一起种植芹菜。第九天，拓展游戏，不倒森林、站鼓击球、能量传输、激情节拍等既好玩又新奇，增强了团结协作的能力和集体荣誉感，也增加了彼此的信任感。最后一天，包饺子庆祝，没想到，有些同学身手不凡，包饺子堪称专业水准。十天，同学们坚持了下来，实践项目顺利通过考核，增强了动手能力，掌握了劳动技能，加深了对专业知识的理解，且磨炼了意志。

英国作家狄更斯说过，一个健全的心态比一百种智慧更有力量。积极向上、乐观的心态总是与自信成功联系在一起，对学生的一生都非常重要。一个阳光自信的人，敢于不断奋斗、不断创新。班主任是学生成长过程中的陪伴者，我一直秉承"与学生共同成长，尊重每一位学生"的理念，善于发现学生的长处，关注其发展，鼓励学生在自己所学的专业中积极实践、大胆创新；鼓励学生参加各项活动，自信地展示自己，不断发现更有活力的自己。

教育要不忘为什么出发，迈出坚实铿锵的步伐。一次相遇，一生惦记，我静静地陪伴着每一个学生成长，陪伴他们成长为有责任、懂感恩的阳光自信好少年。

图 6-1 "我和我的祖国"主题活动合影

# 一起挥洒汗水的日子

## ——我们和排球的那些故事

李玉磊

中小学"体彩杯"排球赛刚刚落下了帷幕,我校男子排球队取得了第八名的成绩。虽然在别人看来,这个成绩不算太优异,但只有我们知道,我们为这次比赛,为排球,付出了多少努力,这是多年来,我校首次组建男子排球队,而且首次参赛就打入了八强。

回想起200多个在操场上挥洒汗水的日子,回想起这些大都是零基础开始打排球的小白,回想起师生一起在球场上的酣畅淋漓,我不禁内心充满感慨和自豪。

### 一、契机切入 发现人才

班里有一个身高192厘米的大男孩小轩,全班第一"海拔",消瘦的身体,阴郁的脸庞,让人难以接近,时而出个声响,干个坏事,证明一下存在感。我接班前听说他顶撞过所有任课老师,听不得批评,连听老师批评其他同学都会受不了,总觉得别人与他为敌,事事看不顺眼。他的父亲酗酒,经常打骂母子二人,母亲情绪也不是很稳定。他不愿意迈进家门,曾在网吧夜不归宿,学习成绩中游。他脸上看不见笑容,聪明、细心、敏感、易怒,极度缺乏安全感,极度需要关爱。

某一天,班里的灯管被砸坏了,一调查,又是他干的。还没等我细细询问,他已经"蓄势待发"。

"我有证！"

"啥？什么证？"

打开一看，我愣住了，是一本精神病证，上面写着"躁郁症"，我有点吃惊，但是也并不意外。这个班中他是最先引起我关注的人，上课玩手机，老师要没收，他不给，扔在地上摔碎；交作业他不交，说"写那些没用的玩意干吗？"有一天，班里天花板被捅了个窟窿，问谁干的，有同学弱弱地说："你说谁长那么高。"

"怎么弄坏的？"我依然心平气和，不受他的情绪影响，先问明情况。

"我用球轻轻碰了一下，它就碎了。"

"有没有被碎玻璃划到？"先确保他的安全再说。

"没有。"

"打扫干净碎渣了没有？"

"嗯，扫了。"

"真不错，知道及时清扫。"

"什么球打的？"确保了一切都没有隐患后，我也要了解事情的起因。

"排球。"

"你会打排球？"

"我可是体校过来的，打了两年排球。"

"很厉害呀，可是为什么要在教室玩？多危险，打坏东西要赔，打坏了人更要赔的。"

"无聊呗，偌大个学校竟然没几个会玩排球的！谁能陪我玩？"我听出了他的不满和隐隐的失落。

"我会呀，大学系队的，球龄20年，可还能陪你玩玩？"

"真的？！"他眼睛里一下有了光，嘴角溢出一丝丝不易察觉到的笑。

"人有点上年纪了，体力不行，技术还在。走，拉出来遛遛，打个10分钟。"我很爽快地带他走到了操场，操场很快围了班里的一群人，他们都想看看，这个闯了祸还要跟老师打排球的同学会有个什么结果。

开始先是温柔的垫球、传球，后来慢慢轻扣、重扣……周围的人越来越多了。

189

"哎,好像很厉害哦。"

"那个高个,看着瘦,打起球来很帅呀。"周围的女生早已不知不觉地围了一大圈。

他的脸上有了小小的得意,意气风发的样子根本无法隐藏。那些年,玩排球的人很少,打得好的更是少数,自然吸引了不少人观看。10分钟结束,我这个无比热爱排球,大学系队里的主力二传队员跟他打了个不分上下。我们彼此眼里有了惺惺相惜的感觉。

"以后每天陪我打半小时球,可好?"

"就怕你体力不行……"果然这家伙啥都敢说。

"你是怕了吗?"

"开玩笑,怎么可能,论打排球我从来不输谁。"

"那说好了,每天放学后半小时,不见不散。"

"坏了的灯怎么办?"

"我买了换上。"小轩相当爽快,其实学生心中一直都有善恶和好坏的标准,只是有时候没有好好表达。教育要顺其自然,不能强求,就像大自然有它的规律一样,破坏规律,可能会遭到反噬。教育要在恰当的时机,恰当的地方,说恰当的话,做到水到渠成,在不知不觉中达到四两拨千斤的效果。

"买了找总务老师帮忙换上。你可不能无证操作。"

"收到!"

"老师,我们也要打排球!"班里几个调皮的男孩已经跃跃欲试了。

"没问题啊!欢迎加入。"

忽然,我的心中有了一个想法,排球可能就是我们彼此建立联系,打开心扉的那把钥匙。何不把排球发展成班级的特色项目呢?排球是一个团队项目,依靠自己的单打独斗是赢不了,需要团队的分工合作、一定的技巧和勇于拼搏、永不言弃的精神。这不正是班级建设需要的吗?对于这些十六七岁,精力旺盛,动不动就想刷个存在感、惹点事的孩子来说,打球是绝好的释放精力、激励斗志的好方式,对于团结凝聚班级也是一个不错的途径。这个班的孩子学习基础比较差,但论体育素质,不输任何一个班。

## 二、机缘组队, 任重道远

我们学校因为专业问题, 男女比例严重失衡, 约为 3∶7, 排球也是一项比较小众的运动, 受技术和场地限制, 玩的人也比较少。大学毕业很多年, 我也只是在参加教职工排球赛时才会练一练, 操场上鲜有打排球的孩子。但自从我们开始约定打排球开始, 每天放学, 操场上有了这样一群欢乐的人, 有了一道不一样的风景。除了有基础的小轩, 练过摔跤的小斌、踢过球的小原、弹跳好的翔子、稳重有头脑的斐哥、曾经的"睡神"小龙, 陆陆续续加入这个队伍中。

每天放学的这个时间成了我们最开心的时刻。我们经常围成一个圈, 在玩乐中教他们最基本的垫球、传球的技巧。女生也陆陆续续加入了进来, 排球网两边也不管几个人, 许久不用的排球场开始热闹起来。小轩无疑是打得最好的, 自从班里掀起了排球热, 他便成了班里的香饽饽, 经常有男生女生围着他请教, 我也时不时搞个班内对抗赛, 输的一方就买水和饮料给大家喝。看着我们打得热火朝天, 其他班爱好体育的同学也开始加入进来。

机缘巧合的是, 今年新来了一个体育老师, 竟然是排球专业, 还是省队退役队员。不得不说, 这些孩子们是非常幸运的, 我最多能让他们把排球当个爱好, 在专业老师手里, 他们可以进行系统的训练, 参加比赛, 赢得荣誉。

图 6-2　与教练和部分球员合影(右三)

排球队以我们班六员大将为核心组成了。这群散兵开始了较为系统和专业的训练。小轩身高 192 厘米，基础扎实，但因为情绪上的波动导致发挥不够稳健，担任了副队长和一传的角色；小贾是班长，身高 185 厘米，情商很高，善于调动气氛，以前练过摔跤，弹跳一般，但是身体底子好，理所当然地成了队长，打副攻位置；小原身高 186 厘米，小学初中一直踢球，身体素质极好，弹跳力和爆发力都不错，成为了强有力的主攻；翔子身高 180 厘米，思维敏捷，头脑灵活，是班级的灵魂人物，善于组织，成了二传手；斐哥身高 181 厘米，班里团支书，脾气超级好，是队里的定海神针，一传二传都能打；小龙身高 178 厘米，稳重不爱说话，扎扎实实的，底盘低，是稳定的一传。

排球一天一打改为了一天三打——早、中、晚。大家带着对排球的热爱，疯狂地练习，反复磨合。他们对排球到了痴迷的程度，每天不打都觉得"手痒痒"。我也尽可能参与到训练中来，我知道排球是我们之间的纽带，我们都热爱并愿意为它付出汗水和努力。在打球的过程中，我也慢慢对他们进行习惯的改变：不准说脏话，不准迟到，不准随地吐痰……我教他们赢了球要相互击掌，给对方鼓励；教他们在球来的时候，不要逃避，要大胆上去接球，要喊"我的，我的"；教他们要珍惜每一个球，但在队友丢球的时候，要拍拍队友，教他们喊，"没关系，再来"。对抗赛打输了，我和他们一起接受惩罚，因为我们是一个整体。他们在磨合和练习中体会到，团队精神、协作精神是排球精神的精髓，赢得比赛的胜利需要队友间的默契配合，要依靠队友，相信队友。

一段时间下来，孩子们的眼神变了，不再迷离，变得坚定有力量，使不完的劲不再用到打架捣乱上了。犯了错是要暂停训练的，所以不写作业、上课睡觉的现象也少了很多。他们不再跟我玩藏手机、交备用机的猫捉耗子游戏，用他们的话说，就是打排球比玩手机有意思多了，班级在他们的带领下变得更加团结向上。

### 三、初出茅庐　霸气演绎

很快，我们迎来了青岛市中职学校的排球联赛，让我们通过他们自己写的通讯稿看看他们的表现吧。

## 最爱不过排球　拼搏才是青春

排球成了我们最热爱的东西。我们每天积极地进行垫球、传接球、扣球和战术等方面的训练，稳扎稳打，力求以最佳的状态和水平迎接本次的比赛。"功夫不负有心人"，我校的男排队员克服了大雨、夜战等不利因素，弘扬"不惧风吹雨打，也要与对手试比高"的排球精神！最终不负众望，在小组赛中一路过关斩将，两胜一负，以小组第二的战绩出线。

"城管，加油！""城管，必胜！"激昂澎湃的呐喊声传遍了整个排球场地！满怀期待的声音，让我们尽情释放心中的斗志！每天的训练，变成了我们手中积蓄的力量！想要夺得头筹的心愿，让我们变得锐不可当！"古来沙场尽雄风，今得排球显风流。"扣杀！防吊！探头！看呐，我们在义无反顾地战斗！受伤？害怕？疼痛？别逗了，这些在训练时都已经承受过一万次了！当命运低头对勇士说："你无法抗拒风暴！"我们道一句："我，就是风暴！"

在排位赛中，我校男子排球队对阵老牌强队烹饪学校、华夏职教中心和上届的冠军城阳职专男子排球队。由于刚组建队伍时间不长，实力上有一定的差距和比赛经验不足，我校男子排球输掉了比赛。遗憾之余，队员们也纷纷表示"没关系！有了今年的基础，来年我们再战！"展现了城管人不怕输的精神面貌。本届男子排球队绝大部分球员来自2016级物业2班，班主任李玉磊老师平日对队员在校内训练给予了很大程度上的支持与帮助。没有李老师的带动和鼓励，就没有校男子排球赛的组建。与此同时，2016级物业2班全班掀起了排球热潮，其他同学也都爱上了排球这一项充满魅力的运动！这股对排球的热情也慢慢感染整个校园，越来越多的同学加入到排球运动当中。

男排队员：2016级物业2班贾洪斌、徐基原、张鑫龙、黄小斐、李翔、吕昊轩，2016级楼宇班谭昊，2017级家居3班赵佳庆。

君只见，互跃搏球争霸王，

独不见，跌倒摔伤疼痛处。

君只见，万声呼贺携荣归，

独不见，血溶于汗相撑住。

君只见，马啸西风近无敌，

独不见，事必躬亲劳顿处。

君只见,彰显校容振校威,

独不见,须眉流血不曾哭。

撰稿:高二物业 2 班

练了排球才知道扣球得分的爽快与振奋;

练了排球才知道每个人都有不怕受伤,拼命救球的欲望;

练了排球才知道场上需要大声的呐喊;

练了排球才知道队友的鼓励有多么重要;

练了排球才知道弱队也可以战胜强队。

排球像是一个冲锋的号角,凝聚起班级里的人,激发了他们的热血和潜能,形成了奋勇争先、顾全大局、团结协作、敢打敢拼的班级精神。"精神"是一种动力,有时也是一种只可意会不可言传的感受。

郎平说:"中国的女排精神与输赢无关,不是说赢了就有女排精神,输了就没有,要看到这些队员努力的过程。""女排精神就是一种团队精神,特别是遇到困难、不顺的时候永不放弃。"是的,结果不是最重要的,重要的在这个过程中每一个人为之付出的努力和获得的精神力量。

排球引领了一群人,成就了一群人,成为我们班无法复制的特色,成了我们美好的高中回忆。愿这段经历、这种精神在彼此的人生中永远不会磨灭,永远激励我们前进。

# 那些记忆中的珍宝

刘巧玲

戴着"人类灵魂工程师"的神圣光环，从教二十五载，我送走了一批又一批学生，有些记忆已经很模糊了，有些仍记忆犹新。我曾经苦恼过，厌烦过，不知所措过；也曾经欣慰过，幸福过，由衷感动过。作为一名普通的教师，回味那些令我印象深刻的人与事，我便喜、怒、哀、乐在心头。正是在这一个个难忘的故事之中，我们由青涩走向成熟，由稚嫩走向沉稳，也更加理解了教师职业的崇高与伟大。

## 一、最懊悔的事

我刚开始做班主任时，班里有个学生屡次旷课、迟到，几次叫家长，家长都不来。"老师，我看到他又去网吧了。""老师，他从开学以来，就没扫过地。""老师，他又没交作业。""老师，他上课顶撞老师。"……告状揭发他的学生络绎不绝。我憋着一肚子火。那天早自习，我正在上课，他慢悠悠晃到了教室门口——他又迟到了。我怒不可遏，口不择言，手指着门外："滚回家去，你不要再来上学了！"他灰溜溜地回去了。下午，他领着妈妈来到学校。"老师，孩子犯错了，你该批评，可也不能当着那么多学生让他滚呀。他这么大了，有自己的脸面啦。"家长说话不紧不慢，我无言以对。

少年时我也曾被一些老师的言语伤害过，作为学生，我多年仍不能忘怀；如果我伤害了学生，我的恶劣形象一定也会牢固地留在他的脑海里。老师在某种程度上也是公众人物。我们在教育上的得意之笔会被学生津津乐道，我们的教育失误也同样会遍布人口，为人指责。在以后的日子里，我渐渐学会了蹲下与学生对话,在与他们一次次磨合的过程中,我慢慢学着宽容,学着理解。学生对教师的要求并不高,只要我们真心一点,平等一点,赏识一点,他们就会心满意足。多年的教育教学工作让我更明白,学生的心灵如玻璃般脆弱而易碎,我们要保护他们易碎的自尊。为人师者,学高为师,德高为范。我们只有谨言慎行,尊重学生,用一点一滴铸起师魂的丰碑,方能不辜负这份神圣的职业。

### 二、最快乐的事

对于教师来说,最快乐的事莫过于看到学生的进步。在忙忙碌碌中,我每天都期待学生们有新的变化,每天都期望他们在成长。

我曾经担任一个住校班的班主任,班上有一个比较特殊的学生华,她平时郁郁寡欢,总爱一个人待着,走路爱低着头,和人说话眼神总是十分胆怯。班里举行导游比赛,她刚说了几句话就垂下头再也说不下去了。通过跟她谈话和别的学生反映,我了解到华自幼丧母,家庭生活比较困难,上学的学费都是亲戚们凑的,另外她还在写给我的"心语信"中说自己"长得不漂亮",担心将来找不到工作。了解了华的这些实际困难和自卑心理后,我便特别在各方面关心和照顾她。有一次她生了病,我用自己的医保卡为她刷卡看病。针对她的"丑小鸭"心理,我通过写"心语信"告诉她:一个人美不美,不在于长相,而在于心态,心态好的人,自己活得潇洒,别人也会喜欢和她接近;一个人不怕别人瞧不起自己,最怕自己瞧不起自己。此外,我还留心到华的字写得很漂亮,于是我给她借来字帖,鼓励她参加校团委组织的学生书法比赛,结果她的作品获了奖,并在校园的宣传栏里张贴。我在班会上公开宣布和表扬了她,那一刻,我发现华的眼睛里闪烁着兴奋而动人的光彩……

当你走上讲台看到那一双双求知的眼睛,当你看到学生在你的教育下有了很大的改变,当你被学生围着快乐地谈笑,当学生把你当成最好的朋友,当家长打电话来告诉你孩子变得懂事听话了……那种快乐是从心里往外涌的。

### 三、最欣慰的事

2011届9班学生丽来自山西盂县,她纯真、善良,却屡遭不幸:刚入学时就因患视神经萎缩而左眼失明,2009 年冬天她的右眼又出现了问题,经医院检查,视力仅为 0.02,医生诊断为颈髓炎引发视神经发炎,她每天的治疗费用高达 4 000 多元。丽家境十分贫困,她幼年就失去了母亲,父亲打工收入微薄,一直抚养她的奶奶又刚于不久前去世。高额的住院费用对于这样的家庭来说简直就是一个天文数字⋯⋯

丽的不幸命运,牵动着身为班主任的我和班里每一个同学的心,我们首先为她捐献了第一笔治疗费,同时,我们含泪写下并在校园里贴出了"奉献爱心,留住光明"的倡议书。

倡议书贴出后,立刻在全体师生中引起了强烈的反响。大家对丽的不幸遭遇深表同情,纷纷解囊相助,为她捐款的有学校领导、老师、各班同学,还有 80 多岁的退休老干部。涓涓细流汇成爱之海洋,短短几天内,我们共收到师生的爱心捐款 20 429 元。无私的爱可以点燃生活的希望,温暖的心可以慰藉困苦的生命。在医生的精心救治下,丽的病情得到了有效的控制,右眼视力已逐渐恢复。几个月后,丽重返校园,毕业后,她找到了一份适合自己的工作。能帮助一位花季少女留住光明,留住希望,让黯淡的生命重新焕发出生机,还有什么比这更让人欣慰呢?

### 四、最幸福的事

与这些十六七岁的少男少女相处,我渐渐感觉到他们独特的被赋予时代特征的个性,也许他们的言语和表现还有几许执拗、鲁莽,也许他们的思维和行动欠缺几分理性和沉稳,但只要用心观察,就会发现他们其实很想与老师接近,他们以独特的方式渴望着老师的关注,企盼着老师的关爱,在意着老师的关怀。对于一些平时自制力差的学生,不知道多少次,当他们犯了错误后,我和颜悦色、语重心长地跟他们讲道理;也记不清多少回,我陪他们聊天。只要他们有了点滴的进步,我就在班上及时肯定、鼓励他们。班上每一个学生都需要爱,我会努力用自己的言行去感化他们,引导他们,让爱的阳光照耀每一位学生健康成长。

带住校班时,班里的学生都远离家乡,远离父母,需要班主任付出更多的关心和爱护。因此每天早自习到教室后，我都要告诉学生今天的天气情况，让学生注意御寒防暑；每当有学生生病，我都尽可能抽出时间到宿舍探望，为学生送上关切的问候；每逢佳节倍思亲，节日来临之际，我会在晚自习时组织学生一起联欢，让学生体会到集体大家庭的温暖……

师爱如无声的春雨，在不知不觉中滋润着学生的心灵，教给了他们如何爱别人——每逢节日，我都会收到一条条热情洋溢的短信，充满了学生的真情和祝福；每次晚自习放学后，学生总会细心地叮嘱独自走夜路的我："老师，路上小心点！"学生每当放假回家，总会不辞辛苦地为我带来沉甸甸的家乡特产。我品尝到了崂山的樱桃、乐陵的小枣、金乡的大蒜……更感受到学生那一颗颗炽热的心灵！我关爱学生，也被学生关爱着。每当打开记忆的宝盒，回首和学生在一起的点点滴滴，我就觉得自己很温暖、很充实、很富有。那一个个跳动的身影，一张张纯真的脸庞，一件件平凡而动人的往事，充实了我的生活，丰富了我的人生。这些美好的回忆，是一笔非常宝贵的精神财富，值得我好好地珍惜，细细地品味。

图 6-3  教师节跟学生在一起（一排左四）

# 在你心里撒下美好的种子

宫　婕

　　学生在成长的道路上，有选择，有放弃，有挫折，有担当，有波折，有坦荡。作为一名老师，我希望能用自己的一言一行去影响他们，指引他们，让他们看到前方的光，让他们变得坚定而有力量，那就让我们从撒下一粒种子开始吧……

　　下午准备放学的我刚一进教室门，卫生委员小浩就拿着一张扣分单来到我的面前，难过地说："老师，又扣分了，这个星期已经三张了，这么个扣法，肯定没有流动红旗了。"

　　我看到这样子，也不忍心责备他，就问他怎么扣的分，他说是后橱，他觉得检查太苛刻了，把手伸进后橱的夹缝里去摸到了灰，就给扣分了。班级有约定，如果出现扣分单，就要扣除负责同学个人的德育学分。负责擦后厨的小涵也很难过，因为自己要被扣分了，这时旁边的小鹏用不在乎的语气说："扣吧，扣这点分算什么，我比你扣的多了去了，我都不在乎，你才扣一次分你在乎什么。""就是就是，"旁边的小硕也随口附和着，"多扣几次就习惯了。"我听到这话，心想，他们有这样的情绪可不行，得好好跟大家聊聊这件事。

　　可是该怎么样开口呢？我突然想起来今天下午拔河比赛的情景，我们的对手在体格上远远超过我们，光大块头就有七八个，相比之下，我们太过于瘦弱了。第一局果然我们一开始就处于劣势，几秒钟被对手直接拉到了接近中线的位置，眼看着就要输了，但是场上队员们都没有放弃，一厘米一厘米地往回拉，艰难地扳平了，这之后双方僵持了很久，在最后的关头我们顶住了压力，突然不知道哪里来的一股力气，我们居然一下子把对手拉了过来。全场顿时都沸腾了，大家都没想到我们能赢。第一局拿下之后，我们便势如破竹，连赢两局，最终战胜了对手。回想起当时的情景，我心里有了主意。

第二天早自习，我对前一天下午的卫生扣分问题只字未提，而是跟大家说："来，咱们看一看昨天拔河的视频，看完之后大家都说说有什么想法。"同学们目不转睛地看着屏幕，仿佛又置身了昨天的赛场。当看到场上的每一名队员都拼尽全力，尤其是在僵持的局面下，每一个人都紧咬牙关，不到最后一刻绝不放弃，最终一点一点赢下来的时候，同学们都情不自禁地鼓起掌来。

我问大家："从这段视频里你们看到了什么？"同学们七嘴八舌地说看到了集体的力量，看到了坚持的力量。我接着大家的话说："对，我们为什么能赢？因为每一个人的投入，每一个人的坚持，还有我们团结的力量。正是因为这样，我们才能在不被大家看好的情况下战胜了对手，我们赢就赢在这股不服输的劲头上。"

同学们听了我说的话，纷纷点头。我转身在黑板上写下投入、坚持、团结六个字。随即我话锋一转，说道："既然咱们的拔河比赛能够赢，那么你们觉得在卫生清扫上咱们能输给别人么？"同学们群情激昂地说："当然不能！"

"对啊，当然不能输！那么我就来跟大家聊聊昨天卫生的扣分，我发现咱们班里现在对于这个扣分有三种态度：一种是不在乎，扣就扣呗；一种是只在乎自己的扣分，只要不是自己扣分就漠不关心了；还有最后一种是在乎班级的扣分，班里扣分了比自己扣分还要难过。大家想想你现在是哪一种，你最想成为哪一种。"听了我的话，教室里瞬间安静了下来，大家都陷入了沉思中，我发现昨天说"扣就扣吧"的小浩表情也变得认真起来。

我又继续说："对于第一种同学，老师要送给他两个字——投入。"我边说边把黑板上的"投入"这两个字画了一个大大的圈。"高中三年你们是希望怎么度过呢？是带着目标和方向每一天都认真努力，还是只是来混日子呢？"

"对于第二种同学，我要送给你们'团结'这两个字，我们的班级是一个集体，没有一个人是独立于集体之外的，我们只有团结起来，让这个集体变得优秀，我们自己才能变得优秀。"

"而第三种同学，像我们的卫生委员小浩，我要送给你们的两个字是'坚持'，不到最后一刻不要轻言放弃，就算这次输了，我们下一次也不能放弃。"

在我说这些话的时候，我能感觉到同学们内心的触动，他们仔细地听着我说的每一个字，目光一直追随着我的每一个动作。我注意到小浩的眼神也变得坚定，能看到他眼里闪烁的光芒，我相信他一定知道了以后该怎样做。

相信我今天的这番话，会在同学们的心里撒下美好的种子，让我们一起等待最美的花盛开。

# 野百合也有自己的春天

李玉磊

我想成为一名探险家，
探索你们身上的每一个闪光点，
照耀没有月光的黑夜。
我想成为一名雕塑家，
凿去你们心灵上的每一个伤疤，
重塑曾经受伤的心灵；
我想成为一名导演，
演绎你们人生最精彩的篇章，
绽放火热的青春。
我是你们麦田里的守望者，
为你们抵挡冬日里的寒风，夏日里的烈阳，
看阳光雨露照耀滋润你们成长。

我相信每个生命都是独特的生命个体，都蕴含着无限的潜能，坚信每个孩子都有巨大的成长空间，都有他们的高光时刻。担任班主任工作的这些年里，我用爱心、耐心、宽容心对待每一个学生，从不放弃任何一个学生。"一个都不能少"，我对学生这样说，也是这样做的。

这个班是我半路接的，据说原班主任离开后，领导找了几个老师，他们都不想带。学校领导把这个重任给我时，我的心情是无比忐忑的。

"学生会不会排斥我？"

"能不能接受前后教育方式和方法的不同？"

"会不会故意捣乱使坏？"

…………

因为我前一年支教不在学校，所以对这个高二的班级并不太了解，但既然接手，就要打一场有准备的硬仗。多方打探之下，我摸清了班级的基本情况，这是一个三年制的物业管理专业的班级，男女生各一半，中考平均分只有 100 多分，上课纪律很成问题，成绩更不用说了，级部垫底，单亲家庭占到了一半以上，旷课打架时有发生，学生厌学情绪严重，几个孩子甚至有退学的打算。

针对这样的情况，我制定了两个带班思路：爱字当头，信任为先，做"母爱型"的班主任；善用方法，高效管理，做"智慧型"的班主任。

"要么灰头土脸地毕业，要么拿出精气神来让人高看一等！想不想跟我打个翻身仗，让二班的名字响彻城校？成为别人家的班级？！"

"想！"虽不是一呼百应，但很多同学也随声附和了。那就好，精气神还是有的，这我就放心了。

建立情感的连接是与学生良好沟通的第一步，组织参与活动是与学生建立连接的好办法。我有意参与到学生的每一次集体活动中。技能大赛、艺术节、合唱比赛都有我陪伴和鼓励的身影。趣味运动会中，几乎所有的项目我都带头参加，仰卧起坐 46 个，位居女生第一；排球颠球更是我的强项，大学就在系排球队的我，是业余中的专业人士；女生接力跑，学生说我快得像火箭一样……还行，没拖后腿，我虽然年近四十，但体育细胞丰富，还是赢得了学生的认可，在学生的掌声和惊呼声中，我又赢得了学生对我的加分。

教师的人格魅力是带好学生的关键点，包括言谈举止、学识水平、个性情趣、品德修养等方面。"亲其师，信其道"，有特长的班主任一定要发挥自己的特长，在活动中拉近与学生的距离，让学生对你产生敬佩之情、亲近之意。

让学生重拾心中的爱，是我接下来要做的。要让学生学会爱，拥有爱的能力，首先要感受到爱，懂得感恩。三江学校是我们学校的志愿者服务对口单位，一个主要接收自闭症孩子的特殊学校。我分三批带领全班去三江学校送课，教他们做衍纸画、做手工，让他们感受这些来自星星的孩子的不一样的世界，让他们与陪读的父母交流，感受父母对他们无私的爱，学会珍惜和感恩。原本在班里很闹腾的孩子安静下来，细声细语、不厌其烦地一遍一遍教自闭症儿童手工的步骤,甚至握着他们的手一点点教他们画出图案。回来的路上,学生一路说着自己如何教或大或小的"朋友"做这个或那个,眼中满满的都是自豪感和成就感。这是一堂关于"爱的教育"的课外实践课,激发了他们内心中那份善良和小小的保护欲,他们付出了爱,也收获了爱。

爱的力量是无穷的。很多离异家庭的孩子都是在缺少爱的环境下长大,慈母般的爱是孩子们非常需要的。有一个男孩,父母离异,长期一个人在外居住,从初中开始就不再有家的概念,我为他化解了与母亲的矛盾,让他们彼此看到对方的关爱,为他搭建起与父母沟通的桥梁,他重新回归到了家庭的怀抱。

很多孩子喜欢玩王者荣耀,叫嚣着自己可以称霸全校,我就组织"级部联队"与本班队伍打比赛,输了就卸载游戏一个月;班里抽烟的男生不少,我就以零食鼓励他们戒烟,并发动全班监管,一个月不抽烟可以赢取一箱零食……

管理好班级的秘诀有爱,还有智慧,以爱建立信任,用智慧解决问题。爱心中包含方法,智慧里包含着一颗爱心。"明察暗访,以静制动""以心换心,个个突破""善良为本,品德为先""课程渗透,洗脑感化""正面激励,自主选择""活动先行,舍小成大""危机干预,治根强果"……在这些措施实施中,我引导每个学生发挥潜质,做班级"不可或缺的那个人"。

班级面貌迅速有了变化,每个人在班里都有事可做。除了班委和课代表,班级里还设立了多个职务,"御用摄影师""写作小达人""演讲大师""班务监督员"……

从原来的不参与任何比赛,到各项比赛中的精彩亮相,每个人都竭尽所能。体育节中,同学们一举拿下了团体总分第一名,打破了校"多足虫"比赛的记录;艺术节中,同学们发挥特长,优化组合,精心练习,以个人和团队等形式上演了五个精彩的节目;市技能大赛中也不示弱,拿回了两个二等奖、两个三等奖。孩子们用自身的行动诠释了"青春就应如此闪亮,奋斗成就更好自我"。班级墙上贴满了他们通过努力拿回的奖状。毕业的时候,他们在奖状墙下合影,他们说:"虽然高一一个奖状也没有,但是高二我们弥补了这个遗憾。"

"老师,我们做到了!他们都很羡慕我们班。"

"开心吗?"

"开心!"

运动会上，孩子们展出"桃李之教，玉成之恩，磊落不凡"的横幅，表达着他们对我的信任与感恩。这是他们写给我的最动人的"情话"，看到孩子们迈着整齐的步伐喊出口号那一刻，我的眼睛湿润了，我深深地体会到当班主任的幸福。

图 6-4　运动会入场式横幅

作为一名班主任，我对幸福的诠释就是爱和被爱。我爱我的学生，我的学生也爱我，我陪他们过生日，他们也给我过生日，我陪他们走过青葱的年华，他们也惊艳了我的时光。我们不仅是师生，更是相亲相爱的一家人，我是一个幸福的班主任。

玫瑰可以绽放美丽——热烈奔放，梅花可以绽放美丽——超凡脱俗，百合可以绽放美丽——淡雅清新，谁说被人嫌弃的路边野花没有春天，努力绽放自己，一样在四季盛开，一样是最美的风景。

# 结伴郊游日,草长莺飞时

张 伟

有人说,教师是一枚月亮,不慕世俗的繁华,不浊世俗的浪潮,只为给莘莘学子点亮回家的路。身为一名人民教师,师德要求我们奉献全部却不图所谓光荣、所谓荣耀,师德是洁白澄澈的夜明珠,容不得半点金钱、名利的玷污。教师尽心尽力执教,愿意站在角落欣赏别人的成功;教师不辞劳苦,愿意做别人成功的垫脚石;教师心有鸿鹄之志,愿意做祖国宏伟蓝图的一滴墨水、一抹色彩;教师愿意对自己苛刻至极,以身作则,塑造学生的人生观、价值观。

我写下这些文字的时候,无数回忆顿时涌上心头。混乱、热闹,我不知该用什么样的词来形容。虽然他们是一群中职的学生,但是我却意外有一种带着小学生出游的感觉。

"同学们,我们决定举行一次集体踏春。"当听到这个消息的时候,大家的眼里不是激动、开心,而是一种别样的兴奋。我看着他们,心里感到了一丝慌乱。这是我第一次带着学生出游,不知我凭一己之力,能否征服这群顽皮的孩子。我强行把心头的不自信压了下去,清了清喉咙,强调了本次踏春的时间、地点以及注意事项。

意外出现了,在大巴车上,璐佳晕车,很严重。眼看她就要呕吐出来,可是车上并没有呕吐袋,车也不可能停下来。只见她的头像灌了铅一般,死死抵着座椅靠背,她的手紧紧捂住口鼻,双眼紧闭又猛睁,看上去十分难受。

"同学们,谁有呕吐袋或者多余的塑料袋,晕车药更好!"我赶紧用最大的嗓音喊。一声令下,同学们纷纷翻找着自己的书包,终于,九昌举出了塑料袋,那个白色的袋子仿佛一道希望的光,高扬在空中。其他同学赶紧帮忙递过去,不知道是巧合还是压垮骆驼的最后一根稻草,璐佳立马就吐了。她系紧袋子,紧紧攥在手里。我走到她的位子旁,轻轻拍了拍她的后背,"给我吧。"她犹豫了一下,"不用了老师,我自己下车找地方扔了就行。""给我吧,是老师考虑不周,前面有垃圾桶,我帮你扔掉吧。"听到这一番话,她才把那个袋子交到我手里。

那一刻,我的愧疚犹如决堤的洪水,倾泻而出。我随即陷入了深深的自责,带学生郊游却连晕车都考虑不到,如此浅显的问题,我竟然忽略了。一种巨大的负罪感将我裹挟,我仿佛一只陷入巨大蜘蛛网的小虫,动弹不得。

沿途,我不再与孩子们说笑,也无心留恋沿途的风景,似乎一切都与我无关。我只想尽快结束这一天,然后狠狠地自责。接下来,总算还顺利,没有出现意外情况,大家安全到达了目的地。四月的阳光让绿草如翡翠一样耀眼。当然,这是后来我回想的情景,当时我只看到了扎眼的绿色,刺进我的眼睛,仿佛一柄利剑,太阳仿佛弓矢,射出万钧利刃,狠狠穿透我的心。

"老师。"突然,一个温柔的声音在我耳边响起。

"怎么了?"我转头一看,原来是璐佳,她面色好了不少,脸也红润了一些,果然大自然最治愈人心,也治愈身体。

"老师,谢谢你。"

"啊?你怎么还谢谢我呢?明明是我没有考虑周全,才让你如此难受,是老师不好才是啊。"

她轻轻地笑了一下:"老师,你平常呼风唤雨、雷厉风行,怎么到现在反而糊涂了呢?你帮我扔呕吐袋,不嫌弃我,我就已经很感激了。"

我长舒一口气,心里仿佛飘起了一块柔软的棉花,被幸福渐渐地铺满。教师教授给学生的,从来不仅仅是知识,古人云,言传身教,便是如此。在今后的日子里,学生也许不会记得我们传授过的知识,不会记得我们姓甚名谁,但一定会铭记我们之间无意中发生的一件事,也许你从没注意,但那一刻,对学生的人生已经产生了深远影响。反言之,若是一个教师仅仅教授学生知识,而不注意自己的言行,那必然是一个失败的教师。教师这一职业本身就具有特殊性,我们用自己的一言一行来教授学生做人的道理。我们在教学的过程中,应当时时刻刻注意自己的言行举止,正所谓身正为范,学高为师。

"老师，和我们一起做游戏吧，我们在玩击鼓传花，哈哈哈，他们实在想不出玩什么了，太幼稚了。"九昌扯着我的衣袖，将我带到了游戏现场，简单的游戏他们却乐在其中。看我去了，他们愣了一下，就好像上课偷偷抄作业被发现了。

"怎么了？不带我玩？"

"不不不老师，奇森你往旁边挪一挪，给老师腾个地方，你看看你，一个人占俩地方。"

"你才一个人占两个地方呢！"

就这样，我加入了他们。忙碌的学习、繁重的课业、家长的期待、社会的压力，让我们仿佛忘记了学生始终只是一群孩子。他们也天真，他们也贪玩，这本来就是孩子们的本性。看着他们，我很开心，也有些心酸。

到了吃午饭的时候，所有人都拿出了自己的餐食。"老师，中午吃什么？"这时，世强不小心把饭洒到了地上，他翻翻书包，找出了几片饼干，边吃边吮喝着。

"唉，你的饭怎么洒了啊？"

"啊，不小心，没事，我有东西吃。"

"算了算了，饭盒还干净吧，来吃我的，我做了好多排骨，吃不完。"说着，我便把排骨往他的饭盒里夹。

"啊不用不用……"

"不用什么啊不用，拿着！"

渐渐地，越来越多的同学把自己的午餐分享出来，世强最后也幸福地饱餐一顿。在一旁的我没有号召，静静地看着这一幕，静静地感受同学之间的情谊。这是最纯净、最美好的感情。有人说，到了社会上，便是江湖险恶，自身难保。我想，这句话不错，但是世间也自有真情在，人与人之间的关系总是妙不可言，尤其是这一群单纯可爱的学生。

孩子们之间真挚的友谊，让我回忆起了我的学生时代。曾经，我也是一个背着书包上学的学生，也惧怕考试的压力，也惧怕教师的指责，是我的伙伴们耐心地开导我，绵绵话语如炙热火把，温暖我心中每一个阴暗的角落。我身边也有无数挚友，可是一路走一路丢，只剩下一人踽踽独行。看着眼前这番景象，我心中早已写下万千诗行,我无比希望这些孩子能够互不相忘,共同抵达胜利的彼岸。

　　下午,我领着同学们去找寻童年的回忆,一起放风筝。在出发之前,我准备了风筝,这也是此行的主要目的。我悄悄从后备箱拿出来,给大家一个惊喜。今天的郊游不仅仅是"放风"时间,也是给心灵找一个归宿。一只只美丽的风筝,伴随着阵阵和煦的春风,陆续飞上天空,五颜六色、形态各异,将蔚蓝的天空点缀得多姿多彩。有的风筝一开始放不起来,同学们就调整、试飞,再调整、再试飞,终于飞起来了,欢呼声充满了整个田野。大家牵着线在田野上奔跑着、尖叫着,尽情释放着。

　　放完风筝,我们便乘车回学校。一路上,大家的气氛更加活跃,甚至唱起了歌。歌声并不算动听,却是我听过最美的合唱,将我带回到了那个无忧无虑的学生年代,仿佛我也是其中的一员。

　　第一次与学生们踏春,不同凡"享",有失落,有激动,有感动,有释然,五味杂陈,我把这段经历记录下来,如潺潺流水,静静泄出,滋润我的心田。

图 6-5　和学生一起畅游北岭山

# "虏"获人心

郭竹娜

　　有人说,班主任与学生的关系就像水与火,不相容。但我认为并不如此。在我眼里,班主任应当是四月的阳光,让每一株绿草都如翡翠般繁盛,照暖空无一人的堤岸。在我的教育教学生活中,有些情愫至今难以忘怀。

　　那是我第一次接班当班主任,当时,没有经验的我对班级建设有着满满的、自我感觉良好的规划。为了激励大家学习,我在班级内部评选学习标兵,并发放百元奖学金。第一学期期末考试成绩第一名的梦琪同学获此殊荣。没想到接下来发生的事出乎我的意料。

　　因为这一百元,我发现,班里有些同学渐渐开始疏远她,甚至话里带刺地讽刺她。渐渐地,梦琪与周围的同学格格不入,如此闪亮的光环给她带来了沉重的压力,而那一百元也让教育变了味。潜移默化中,我竟然给学生种下了功利化的种子。如今,教育功利化本已很严重,大家的学习不再是为了追求知识,而是为了升学、找好工作,知识可以作为金钱、名利的砝码,但是知识本身始终是圣洁的、高贵的。

　　万分愧疚的我把梦琪叫到了办公室,和她交谈起来,生怕伤害了她青涩的心灵:"你最近是不是遇到了麻烦?"她抿了抿嘴,眼神开始飘忽不定:"没有啊,我最近很好啊。"我意识到,这又是一个不愿意分享、怕带来麻烦的学生。我佯作轻松,微笑了一下:"有什么事情,尽管告诉老师,没关系的,我们一起面对。最近我一直在观察你,要是不说,那我就替你说了。"终于,在我一连串的"逼迫"下,她开口了:"我……最近,听到很多关于我的谣言,同学们也不太愿意和我交往了,都怪我不会处理同学关系。"听到这里,我的喉头犹如堵了一团棉花,想要说什么却张不开嘴,艰涩又心酸。"是老师不好,没想到荣耀的光环给你带来如此沉重的压力。""没……没有老师,我很感谢老师对我的关心与照顾。"我灵机一动,想出一个计策,于是说道:"老师不会收回你的奖学金,但是我会在班上宣称,你把钱捐给了班级作班费,好吗?""嗯嗯,好。"她一口答应,事情似乎得到了解决。

第二天班会课,我当着全班同学的面宣称梦琪同学赞助班费一百元,她不是为了金钱而学习,她想让大家像以前那样对待她。我仍记得全班同学的神情,他们面无表情,仿佛这件事情与他们无关,看不出一点点释然。那一刻,我仿佛遭到了雷击,愣在原地,大脑一片空白,不知道往下说些什么。

突然间,我明白了做班主任的艰难。失落忽然如洪水猛兽一般将我疯狂吞噬,我的四周暗了下来,我仿佛陷入了一片泥淖,既无法从其中脱身,也无法找到突破口。

后来,我强调了上周班级出现的问题,便终止了班会。我继续观察梦琪同学的表现,发现她与同学相处的情况仍然不好。有一天,我碰到几个在操场聊天的学生,无意中听到了他们的窃窃私语。

"她怎么可能赞助班费,估计是跟老师串通好了吧。"

"嗨,咱也不差那一百元,何必呢这是。"

"我就是觉得怪怪的,怎么班主任还能在班里私设奖学金呢?"

我恍然大悟。其实,我"低估"了学生,我做了什么,即使他们猜不出全部,也能猜出七八分。因此,我们不能将学生当成孩子,而要当成成年人,给予他们充分的尊重。我们设身处地地想一下,若是自己的同事因为业绩收到了没有明文规定的"小费",那自己心里必然也会不舒服,但说不出口,只能通过疏离与冷漠与他渐行渐远,最终形成恶性循环。

我决定不再隐瞒,向大家坦白这一切。

于是,我再次召开了班会,在会上,我正式宣告撤销奖学金的决定,但是保留学习标兵的荣誉称号,取而代之的是奖状与自由选择座位的权利并会在家长群里进行表扬。

经过一番解释,学生才"放过了我"。他们与梦琪的关系一点一点修复了,我亲眼看到她变得开朗了许多,我的心也就放了下来。

我想,许多班主任都会像我一样,用金钱来奖励学生。在这里,我无法一概而论,说这种方法都是错的。但我只想说,我们的学生都不是小孩,金钱也不是一元两元那么简单。如果在制定任何奖励措施时,我们能设身处地地想一下,这是否能激发学生学习的动力,这是否会对同学关系造成一些破坏,或许事情会好很多。

我的第二任学习标兵是个开朗的小姑娘——晓斐,她平时学习一直很优秀。第二学期期末考试,尽管她不是学习标兵,但也取得了第二名的好成绩。鉴于她一直表现优秀,我便在班里对她大加赞赏,只是,这一赞赏,我竟然差点失去了一个优秀的学生。

经过观察,我发现她越来越骄傲。她上课不再认真听讲,取而代之的是和同学打闹,以及在课本上写写画画。课下,也少了她伏在课桌上奋笔疾书的影子,取而代之的是去每一个同学桌前聊天。我见情况不妙,便趁她上课聊天之际,对她的行为进行了严厉批评。话说得多重,我已经没了概念,只记得我当时心急如焚,生怕这样一个优秀学生从此不再闪光,于是口无遮拦,批评了她很久。晓斐当时趴在桌子上哭起来,我没有过多顾虑她的感受,课程还要继续,就继续讲起了课。

后来,在走廊里,我偶然遇到了她。我永远都忘不了她的神情,她开始躲避我的眼神,快速斜到一边去贴住墙根,低着头,仿佛没看见我。要知道,以前她可是每次都会满含微笑、自信满满地和我打招呼,有时甚至还会说上一两句俏皮话。

突然,我意识到,我失去了她。果然,在第三次评选中,她的成绩从第一滑到了第十。我懊悔万分,决定有必要和她好好谈谈。我把她叫到了办公室,她站在那里,手紧紧缩在袖子里,眼睛不知道该望向何处。"别紧张,老师叫你来,是要跟你说声对不起。"她忽然瞪大了眼睛:"怎么了老师?"她的声音细微,丝毫不见往日的底气十足。"老师对你的批评太重了。其实,你在老师眼里一直很优秀,评选学习标兵的时候,老师一直在观察,发现你对学业有所松懈,于是话便说得重了些,影响到了你,对不起。"她的眼泪瞬间涌了出来,哭得不成样子,看到这里,我再也压抑不住内疚与自责,深深地叹了口气,说道:"你要知道,我是除了你的爸妈,最希望看到你成才的人,老师从来没有因为那些事放弃你,所以你也不要放弃老师,好吗?"她擦了擦眼泪,一边啜泣,一边从嗓子里硬是挤出一个"好"。

第二天,我当着全班同学的面,跟晓斐道了歉。从那以后,她又恢复了往日的笑容,成绩也渐渐提了上去,我对她也关怀有加,帮助其恢复了自信。令我惊喜的是,她不但改正了自己的坏毛病,而且更加用心地学习。

如果要说出当教师的"大忌",那我会说,不要让情绪操纵你的行为。情绪如一把看不见的利剑,在你不知道的时候,深深地刺穿了学生的心灵,给学生带来意想不到的伤害。因此,我们在工作中,要努力将自己的情绪隐藏起来,"虏"获人心。无论如何,也不能一时"急火攻心",从此失去一个优秀的学生。

班主任与学生的关系就像在重重迷雾中找一颗钻石,不仅捉摸不透,而且会时常碰壁。但我们不能放弃,既与职责相遇,我便不辱使命。冀以尘雾之微补益山海,荧烛末光增辉日月,愿我们每个人都能在教师这个岗位上不懈奋斗,用爱包容学生,走进他们的心灵,关怀促进成长。

# 第七篇
# 优秀的班级优秀的你

在最闪亮的年龄　他们聚到了一起
这里　一张张笑脸阳光自信
这里　一双双眼睛熠熠闪光
他们以年华作笔　以汗水为墨
用团结和努力共同谱写了一首奋进之歌

书山有路勤为径是我们的初心
山登绝顶我为峰是我们的信念
团结铸就成长　荣誉见证实力
我们以青春之风　展班级之彩
我们咬定青山　脚踏实地
努力锤炼　积极进取
集体的关爱使雏鹰日渐羽翼丰满
勇敢搏击风雨
在碧海蓝天里翱翔　飞得更高更远

努力　是我们的信念
拼搏　是我们的决心
我们将勉励奋进　奔赴更瑰丽的明天

# 一路成长，一路收获

## ——山东省优秀班集体 2018 级酒店管理班

宋晓君

让我们以年华作笔，以汗水为墨，在一张张白纸上挥洒出红橙黄绿蓝靛紫，在阳光下折射出我们的非同一般！

——题记

图 7-1　你好，2021

34 张阳光开朗、朝气蓬勃的可爱笑脸汇聚在 2018 级酒店管理班这个大家庭。在班主任宋晓君老师的带领下，班级积极向上，团结友爱，是一个充满着生命力的温暖和谐的班集体。

## 一、班级理念引领班级前进

从开学第一天,班里就制定了班级宣言:"悦纳自我,超越自我。"班里每人都以做最好的自己,创最优的班级为目标而积极努力,三年来,班里的同学就像向日葵一样欢乐、自信、阳光。生活上,他们亲密无间、互帮互助;学习上,他们一心向阳、目标明确。

## 二、良好学风激励学生拼搏进步

这是一个学习氛围非常浓厚的班集体,同学之间相互学习、相互合作、积极进取、共同进步。每个同学都在追逐梦想、不断超越、踏实拼搏、静心笃行,用时光的碎片,筑起远航的风帆。班里多名同学分别获得山东省、青岛市的优秀学生、优秀班干部称号,一人获得国家级奖学金,多名同学在青岛市技能大赛中获奖。

## 三、积极参加活动推动班级发展

活动的开展是增强班级凝聚力的良好契机,2018级酒店管理班全体师生在每次活动中都能够齐心协力、努力付出、奋力拼搏。一张张发自内心的笑脸,热情洋溢;一声声来自心灵的呼喊,充满力度。同学们心往一处想,劲往一处使,拼尽全力,勇夺第一!青春大舞台,展我好风采,学生的潜能在展示中得到绽放。

在全体师生的积极努力下,班级一路走来,硕果累累:先后获得军训会操第一名、卫生评比第一名、大合唱比赛二等奖、运动会特色班级展示第一名、精神文明奖第一名、校文化节团体总分一等奖、"颂歌献祖国"合唱比赛第一名、班级"十个一"优秀展示奖、"同心战'疫'"活动最佳组织奖;多次获得校先进班集体、优秀团支部、星级班集体、文明宿舍等荣誉称号,并获得青岛市优秀团支部、青岛市先进班集体等荣誉称号。

班主任寄语：

心若向阳,无畏悲伤,愿 2018 级酒店管理班的同学们初心不变,在这个属于我们的绚丽时节,尽情书写青春的灿烂。我们聚是一团火,散是满天星,一路向前,未来可期!

# 团结进取的"五有"学子

## ——山东省优秀班集体 2018 级建工 1 班

刘　钧

　　班集体是学生学习生活的基本单位,它对学生的全面发展有着深远的影响。我校2018级建筑工程技术1班由43名青年学子组成。他们爱祖国,有梦想,立志成为中华民族伟大复兴的中国梦建设者。班级荣获 2021 年山东省优秀班集体、2019 年和 2020 年青岛市先进班集体;1 名同学荣获 2020 年中职国家奖学金;1 名同学荣获 2021 年山东省"优秀学生"称号;4 名同学荣获 2020 年青岛市"优秀学生干部"和"优秀学生"称号;2 名同学荣获山东省技能大赛二等奖;5 名同学荣获青岛市技能大赛一、二等奖。

图 7-2　庆祝新中国成立 72 周年大合唱合影

**一、在班级建设中倡导"爱祖国,有梦想",培养既有"理想信念"又有"道德情操"的优秀学子**

理想是人的一种信念,是追求的目标,是人的精神支柱与前进动力。班级自建班伊始就将培养爱国主义精神作为班级建设的首要任务。通过召开"庆祝新中国成立70周年""中国梦•我的梦""中国人民抗日战争暨世界反法西斯战争胜利75周年纪念日""弘扬五四精神、争做时代新人"等形式多样、内容丰富的主题班会,让学生在知祖国、爱祖国的基础上,立报国之志、学报国之才、践报国之行。通过团支部引领、培养发展团员、外出研学、党团史学习等形式引导学生将"我的梦"和"中国梦"结合,帮助学生了解祖国的过去,认识祖国的现在,展望祖国的未来,激励学生珍重中华民族的光辉历史。

同学们结合《中职生公约》制定了2018级建工1班投身中华民族伟大复兴的中国梦誓词:"我志愿成为一名中国梦的建设者,爱祖国,有梦想,树自信,勇担当,努力学习专业知识,刻苦练习专业技能,德智体美劳全面发展,弘扬抗战精神,为实现中华民族伟大复兴,贡献全部力量。"铿锵有力的誓词,见证着同学们拳拳报国之心,全班同学均向团组织递交了申请书,11名同学加入团组织,3名同学成为入党积极分子。团支部也荣获2019—2020学年、2020—2021学年校级"优秀团支部"称号。

**二、在班级建设中倡导"爱学习,有专长",培养既有"专业技能"又有"终身学习能力"的优秀学子**

习近平总书记说过:"历史和现实都告诉我们,青年一代有理想、有担当,国家就有前途,民族就有希望,实现我们的发展目标就有源源不断的强大力量。"班级特别重视学风建设,通过制定目标,培养学生独立学习的能力和习惯,班级学习氛围浓厚。重视专业技能证书测试,职业资格鉴定通过率都在97%以上,"1+X"职业技能等级证书考评通过率90%以上,构建了良好的学习氛围。

选拔推荐优秀学生积极参加学校各项技能集训队,鼓励学生积极参加各级各类技能大赛,以点带面,让技能出色的学生成为同学们学习的榜样,让学生在专业课学习中收获希望,收获成就,学有所获,技有所长。

让学生把学习当成自己的事情,组织学生对自己的学习及时有效地评价,引导学生主动调节自己的学习行为,鼓励学生学习上遇到困难坚持不懈,培养了学生终身学习的能力,班级学习风气蔚然成风。

### 三、在班级中倡导"强体魄,保健康",培养既有"终身受益的运动技能"又有"健康生活习惯"的优秀学生

习近平总书记强调:"少年强、青年强则中国强。少年强、青年强是多方面的,既包括思想品德、学习成绩、创新能力、动手能力,也包括身体健康、体魄强壮、体育精神。"

学生在校期间自主选择学习两至三项体育运动技能。每天保质保量完成学校阳光体育活动,组建班级篮球、排球、足球运动队,认真锻炼,提高运动水平,向学校运动队输送队员,让学生在体育锻炼中享受乐趣、增强体质、健全人格、锤炼意志。班级连续两年荣获校运动会团体总分第一名的好成绩,篮球赛、足球赛、拔河比赛和广播操比赛均获佳绩。5名同学代表学校排球队荣获2020年青岛市排球赛冠军,3名同学代表篮球队获得青岛市篮球赛第五名,4名同学取得了"五人制"裁判员资格,担任"市长杯"裁判员工作。

### 四、在班级中倡导"讲文明,重修养",培养既有"良好的礼仪"又有"人文素养"的优秀学子

良好的人文素养是促进人发展的动力源泉。结合学生的特点,班级建设在着眼于提高学生的技能素养的同时,更要把握学生的全面发展,为其"终身发展"打好"精神的底子"。普及文明礼仪知识,营造班级氛围;开展文明礼仪知识等各类主题班会和讲座,以寓教于乐的形式向学生普及学校生活、社会交往、家庭生活等方面的文明礼仪常识;充分利用"我们的节日"系列活动,通过积极参与中华民族传统活动,践行社会主义核心价值观,提升文化自信,进一步拓展领域、丰富内容,不断提升活动的思想文化内涵。在团支部的带领下,以板报、云班课等为补充,构建一个崇文尚礼的班级环境,创建文明班风。班级多次获

得学校"文明教室"和"文明宿舍"流动红旗。

## 五、在班级中倡导"爱劳动,图自强",培养有"工匠精神"的优秀学子

从入学教育专业介绍开始,有效引导学生对专业的热情,从而开启学生在学习上的专注力。通过职业生涯规划设计,系统地指导学生学习职业技能和职业精神,指导学生分析自己的职业人生,以此为依托,在课余时间选择一些有针对性的社会实践。

在班级中讲好工匠精神故事,让学生从故事中体悟到优秀工匠的精湛技艺。中国建筑的飞速发展,涌现出许多大国工匠和劳动模范,用"工匠精神"去武装学生的头脑,培育敬业守信、精益求精、敢于创新的专业技能人才。

# 奋斗是青春最亮丽的底色

## ——青岛市优秀班集体 2019 级环艺 2 班

李玉磊

这是一个和谐有爱的班级,这是一个勇攀高峰的班级,这是一个引领示范的班级……青岛城市管理职业学校 2019 级环艺 2 班,由 31 名同学组成,他们既有鲜活独特的个性,又有共同的目标,课堂上思考求索,生活中互助友爱。在班主任李老师的带领下,这个班级不断前进,不断成长。

图 7-3　体育节合影

## 一、班风正,学风浓

班级以"自律、效率、远虑"为班训,意为懂自律、有效率并且有远大目标,为"明天的我"努力做好准备。良好的班风形成于正确的舆论和引导,班级充分利用早自习"微班会"和周一班会时间,宣讲学校和班级的规章制度和纪律,以无形的力量影响和教育学生。

针对班级中有的同学文化课好但专业课基础差,有的同学专业课好但文化课基础薄弱的情况,在考试成绩的基础上,班内组建了多个四人成长小组,每个组都有一个文化课和专业课成绩较好的同学。成长小组组员不仅在文化课和专业课上的学习上互相帮助,而且在生活上也互相提醒和照顾。在班级这个"大家"之下有了一个"小家",小组之间既合作也竞争,形成了较好的学风和氛围。

"每个人都是不可或缺的""大事有原则,小事讲风格""只为成功而努力,不为失败找借口"……在这些理念和同学们的共同努力下,整个班级积极向上、相互关爱、团结自律。班级多次获得校流动红旗,量化成绩名列前茅,获得了校"优秀班集体"称号。

### 二、强专业,筑梦想

自入学以来,专业课老师就给同学们普及专业学习的重要性,并且耐心指导学生从零开始学习各种技能。在师生的共同努力下,同学们的专业成绩有了很大的提高。班级里有三位同学因为专业能力突出,在高一就代表学校参加了市技能大赛。每个人从入学以来就定下自己的小目标和三年后的方向,并不断进行修正。班级里出现了一批品学兼优的好学生,多名学生级部排名靠前,获得一、二等奖学金,有两名同学获得了青岛市优秀学生,一名同学获得了山东省优秀学生,这其中不仅有他们自己的努力,更有老师的辛苦付出。

### 三、提素养,重实践

同学们不仅重视自己的自身专业能力,也更重视综合素养的提高。在学校组织的各种活动中,都有同学们活跃的身影,他们在校运动会上抛洒汗水,在大合唱比赛上真情演绎,在艺术节中各美其美……同学们在锻炼能力的同时也收获了很多成绩:军训会操比赛和内务比赛一等奖、"颂歌献祖国筑梦新时代"合唱比赛二等奖、秋季田径运动会女子团体第四名、第26届体育节团体总分二等奖、第15届和16届艺术节最佳组织奖、班级"十个一"优秀展示奖、"同心战'疫',共铸爱与责任的中国力量"德育活动最佳组织奖……

除此之外,课外实践活动也少不了同学们的身影:去三江学校送课、去养老院为老人服务、参观鲁迅博物馆、去青岛纺织谷游学等。"在实践中磨炼,在感悟中成长",在活动中,同学们学会了坚持,学会了面对困难,增强了自信,成了更好的自己。

### 四、创意多,成效显

除了参加学校组织的活动外,同学们经常自己组织活动,比如举办班级内和班级间的辩论赛和篮球赛,班级的茶话会和文艺演出也搞得有声有色,班级与班级之间互送节目,充分展现了同学们的特长,扩大了同学们的交际圈,增进了班级之间的友谊。班级文化墙建设凸显专业特色,两周更换一次,鼓励更多的同学将自己的作品展示出来。

班级开设了名为"艺向如荷"的微信公众号,将同学们的班级和学校活动、优秀画作、优秀周记、课前演讲等编写成文稿配合照片和视频进行推送,已推送了几十篇原创文章。班级抖音号也已经开设,正在进一步建设中。微信公众号和抖音号为家长打开了一个了解学生在校生活的窗口。

特色鲜明、朝气蓬勃,这就是2019级环艺2班。同学们将继续不断努力,乘风破浪,与时俱进,用勤奋坚持换春华秋实,朝着更高的目标前进。

# 青春朝气演绎不悔青春

## ——青岛市优秀班集体 2017 级旅游管理 4 班

薛瑞菊

2017 级旅游管理 4 班这个由不同性格但怀揣着相同理想的同学组成的集体是谨慎而勇敢、单纯而美好的,是一个温暖和谐的大家庭、用心向上的优秀班集体。全体同学在薛瑞菊老师的带领下,跟随集体的脚步,学会学习、学会做人、学会办事,共同营造纯正的班级风气和良好的班级氛围。

图 7-4 庆祝教师节

**一、青春朝气演绎不悔青春**

高中是一个展现自我的舞台,为了使自己的能力得到进一步的提升,班级同学积极竞选班干部,其他同学秉着能力优先、公平公正的原则,选出了心中信得过的班委。一支强大的班委团就此诞生。班委团结合学校班级的实际情况,制定了切实可行的行为表现量化,作为各种评比和期末评比的依据之一。在薛瑞菊老师的指导下,班委团带领着旅游管理4班奋勇前进,不断进步。

## 二、转变角色学生自我管理

新班级,新思路,新管理。面对一个新的班级,班主任主动转变角色,大胆放手,突出学生的自主独立,实施师生全方位、全过程的班级管理。班级计划由班委制订,班级工作由班委主持。班主任成为学生心理发展的朋友、学生活动的参与者和班级成长的引导者。

## 三、团结进取促就累累硕果

作为一个优秀班集体,班级团结是一切的基础。全班同学团结一致,相亲相爱,有着极强的班级凝聚力。正是这种团结的精神,同学们在学习及活动中能够一致进取,在学校组织的各项文体活动都取得优异成绩,多次获得校七星级班集体、校先进班集体、艺术节团体总分第一名、合唱比赛第一名、特色班级展示优秀奖等。不管是在比赛中还是生活中,同学团结进取,气势如虹,体现出强烈的集体荣誉感。

## 四、参加志愿活动传递阳光

春风送暖志愿服务队是由2017级旅游管理4班组成的爱心小组织,口号是"传递阳光,青春无悔"。同学们通过自己的行动对孤寡老人、留守儿童、特殊人群进行帮助,进行爱心传播、志愿精神传播,传递正能量,传递微笑。志愿团队被评为"2018感动城管团队"。

## 五、齐心协力共建优秀班级

在班级管理方面,以班长为核心,其他班委协助,班级管理井然有序。班委团坚持定期开班会总结工作,每位同学的意见都会被记录。

在寝室方面,每位同学自觉遵守寝室管理制度,认真打扫寝室卫生,多个寝室获得"文明寝室"这一称号。

班级每位成员都怀揣着自己的目标,都自觉遵守学校规定,配合班委工作,在学习上互帮互助,多位同学获得校奖学金。

### 六、永远努力奋斗不断进步

高中三年,班级取得了可喜的成绩,也被评为了青岛市优秀班集体。这些成果的取得离不开全体师生的辛勤汗水和奋斗的心血。共同的奋斗目标是班集体不断奋进的动力,班集体就是在一个接一个的目标的实现中逐步形成和发展的。总之,这是一个班风纯正,学风优良的班集体,是一个温暖、和谐、进取、团结向上的班集体。

# 快乐中成长，耕耘中收获

## ——青岛市优秀班集体2015级建筑工程技术1班

张　伟

一滴水放进大海才不会干涸，每个人都是一滴平凡的水，因为"缘"字，聚集在1班，创造了广袤无垠的海洋。这里有微波荡漾的宁静，也有惊涛骇浪的热情。30位兄弟姐妹，快乐学习，健康成长，亲如一家。"建责任感恩之心，筑阳光自信少年"是他们的奋斗目标。在班主任张伟老师和各科老师的精心培育下，他们如同一只只羽翼渐丰的雏鹰在阳光普照的蓝天下奋力翱翔。

### 一、和谐关系　快乐生活

开学季是人生中美好的回忆，我为每一个回忆制造期待与美好。

收到分班名单后，我迅速组建班级群，我在群内用心地做了自我介绍并附上照片。同时，我鼓励学生也用自己喜欢的方式介绍自己。就这样，美篇、视频、才艺展示、作品照片等都收入囊中。同时，我向他们初中的老师进一步了解了他们。在搜集好资料后，我做成了一个视频，报到当天在多媒体上循环播放。虽然是陌生的环境、陌生的同学和老师，但是一种温暖与惊喜在班级内流淌。也许，开学的仪式感让孩子们难忘，在以后的每一个节日里，孩子们也给足了我仪式感。他们总是偷偷策划，努力让我做一名幸福的班主任。爱是开展班级工作的凝聚力，是创建优秀班集体的有力保证。

## 二、制定目标　快乐奋进

共同的奋斗目标是班集体不断奋进的动力,开学初,我和同学们根据本班实际,制定出"建责任感恩之心,筑阳光自信少年"的奋斗目标。

家长会期间,家长填写"家校联系卡",突出两项内容:学生的优点、家长的期望。军训期间,学生分别写三封信:写给父母、写给老师、写给自己。这样,不仅同学们有了努力的方向,更为班级营造了一种积极向上的良好氛围。

## 三、丰富活动　快乐实践

多姿多彩的活动丰富了同学们的生活,也让他们在活动中收获着快乐、健康。

班级每学期开展"空中快递晒技能,逐梦作业大展台"活动。对于职业学校的学生,技能的练习至关重要。我用班级小管家、腾讯会议等工具,结合小组荣誉共进退制度激励学生每天晚上练习技能。根据每个孩子的特点,全班同学分成六组,每天晚上组长作为小老师,带领大家一起练习技能,包括一起绘图、一起设计、一起预算、一起实施,它已经成为孩子们每天晚上特殊的小组见面会。一小时后,每个人将自己当晚的成果上传至班级小管家,由组长和课代表负责当天的作品点评,每次作业的分数计入日常考核,期中和期末两次进行总评,并举行颁奖典礼。对于小组长和课代表,设置了"最佳点评引路人"和"小组力量"奖项。

针对假期作业,我采用"登门槛"效应,把作业层层分解,让学生在假期前半部分完成全部作业,后半部分用来预习新技能。在开学时,开展"开学作业秀"活动,评审团由同学们抽签组成,以小组为单位进行展览,对于获奖的同学,举行隆重的开学作业颁奖典礼,由评审团负责写好颁奖词。听到颁奖词时,学生内心深处自然升腾起一股正向的力量,获奖人发表获奖感言其实就是反思提升的过程,而没有获奖的同学,也会思考自己和别人的差距,这样更容易激发内心向上的愿望。

在班级文化方面,教室墙上贴着一张全家福。在重大节日,班委策划文体活动,为学生提供了展示才华的机会。每月末学生完成一份德育总结,主要包括两项:班务完成情况、记录本月发生在身边的具有启发意义的一件事。学期末,我会梳理平时抓拍学生的照片,做成视频,增强班级凝聚力,拉近师生距离。

## 四、正确舆论　快乐氛围

健康向上的班风可以引导学生前进,班风形成于正确的集体舆论。班级创办了"德育新报",对集体活动、优秀学生等正能量,进行积极广泛宣传;学期末,以一封信的形式,将学生的情况反馈给家长。同学们有着强烈的集体荣誉感,将自己视作这个家庭中的一员,逐渐形成了"班级是我家,班兴我也荣"的集体主义荣辱观念。在班集体中,同学们既是快乐的付出者,也是快乐的收获者。

## 五、遵规守纪　快乐成长

良好的班风需要严格的班级制度来保障,每位学生建立《个人德育档案》,包括出勤、卫生、纪律、学习、集体活动、好人好事等项目,与评优评先、实习分配等挂钩。出勤方面,班长、体育委员负责,每月汇总一次,公示于班级,同时推送至家长群;卫生方面,卫生委员、小组长负责,责任到人;纪律方面,手机自主管理,管理员上午第一节课前统一收并上交,下午放学下发,班主任抽查。

图 7-5　"中国梦"健步行活动